ローカルグロース

LOCAL GROWTH

独自性を活かした成長拡大戦略

【著】
荻原猛　北川共史　真野勉　山口拓己

【編著】
ローカルグロース・コンソーシアム

CROSSMEDIA PUBLISHING

はじめに

地方発全国、日本発世界。

本書は、この言葉に共感する者たちによる共著です。

日本の地方企業からは、世界がときめく商品・サービスが数多く生まれています。一方で、戦後の政策ともあいまって、経済の機能は首都圏に集中し、人口も同じく首都圏に集っています。そうした点から、多くの地方企業が課題を抱えています。人材やＩＴ活用のノウハウの不足、資金調達の難しさ、人口減少や過疎化による商圏の縮小、高齢化による後継者問題など、挙げればキリがないというのも、現実なのかもしれません。

しかし、その解決方法はすでに示されています。

日本の各地域にはそれぞれのポテンシャルがあり、「そこでしか生み出すことのできない価値」にあふれています。そのうえで、いまはインターネットを通じて情報を伝えることも、商品やサービスを売ることもできます。それぞれの企業が持つ魅力が伝われば、遠くにいる人でも商品を購入できます。あるいはその地へ行き、サービスを体験することも容易になっています。

そして、こうした課題は「地方」に限った話ではありません。東京などの都心部では情報は早く伝わるといったメリットはありますが、人材不足に悩むのはどの企業でも同じです。ITリテラシーも、まだまだ不十分な企業が多いでしょう。

そもそも、日本を「都会」と「地方」で区別することに、意味はないのかもしれません。どこにいても自分の暮らす場所が中心であり、そこから広くビジネスを展開できれば、豊かに暮らすことができます。

日本にあるすべての企業が、自分たちの地域の、そして自社の持つ価値を発信する。そして、日本中、世界中に暮らす人たちに、自慢の商品を届けることができるようになる。洗練されたサービスを通して心ときめく体験を提供し、そこに日本中、世界中から人が訪れるようになる。

そのために、各企業が持つ可能性を信じ、最適・最良の技術を提案し、企業の成長に伴走していく。こうした仲間が増えていけば、日本の将来は必ず明るいものになるはずです。東京で働く人、地方で働く人、あるいは経営者と社員といった区別はなく、強い意志を持ったリーダーが集い、協力し合う場をつくりたい。そうして私たちは、ローカルグロース・コンソーシアム（LOCAL GROWTH CONSORTIUM）というプロジェクトを立ち上げました。

発起人は以下の5社です（50音順）。

- クロスメディアグループ(株)
- (株)SUPER STUDIO
- ソウルドアウト(株)
- (株)PR TIMES
- (株)ロケットスター

中小企業が成長し、全国へ、世界へと羽ばたいていく。そのための壁はさまざまにあります。しかし、課題解決のためのツールやノウハウは、すでに揃っています。本書では、次のようなコンセプトで著者それぞれの知見から、ソリューションを紹介していきます。

・第2章：（株）SUPER STUDIO　真野 勉

自社EC（Electronic Commerce：電子商取引）について解説します。Amazonや楽天といったECモールではなく、自分たちでECサイトを立ち上げることで、世界への窓口が開きます。その先に進むために企業が伝えなければいけないのは、自分たちの価値観です。

・第4章：ソウルドアウト（株）　北川共史

主にデジタルマーケティングとDX（Digital Transformation：デジタルトランスフォーメーション）分野について取り上げます。中小企業にとっての課題は売上を上げることに集約されます。そのためのマーケティング方法と、企業活動のすべての基本となるデータ活用の大切さをひも解きます。

・第6章：(株)PR TIMES　山口拓己

プレスリリースを中心に、企業が発信すべきPRについて考えます。PRに「これを出せばいい」という正解はありません。自分たちが伝えたいことではなくて、顧客が知りたい情報を考える。双方向のやり取りから、新しい価値が生まれます。

・第8章：(株)ロケットスター　荻原 猛

起業家を育成し、ベンチャー企業を支援する。そしていまある企業を含め、大きく拡大していくための方法をお伝えします。何よりも必要なのは、最初から拡大をイメージしておくことです。拡大再生産可能なビジネスの「核」をつくります。

また、右記のそれぞれの章の後には、実際に地方発で活躍を遂げる企業の経営者へのインタビューを掲載しています。リアルな声を聞くことで、必ず参考になることがあるはずです。第1章では、地方が持つ課題と可能性を考えます。そして最終章となる10章では、経営者の持つべきマインドセットを。この1冊を通して、多くの企業の挑戦が生まれれば、これほど嬉しいことはありません。

LOCAL GROWTH　独自性を活かした成長拡大戦略　もくじ

第2章 顧客をファンに変える「自社EC」

第3章 ［インタビュー］好きなものを、好きな仲間と、好きな場所から届けられる世界を目指して

第4章 顧客と仲間を集める「デジタル活用」

第5章 ［インタビュー］自分の好きな地域で働き、日本全国に貢献するために

第6章 人の行動を変える「プレスリリース」

第7章 人と人とのコミュニケーションがファンを生む

カバーデザイン　城匡史
編集協力　初沢岳

第1章

地方発全国、日本発世界

挑戦する企業のあふれる国へ

地方が都会に劣っているわけではない

マーケティングの観点で考えれば、オリジナリティこそ、ニッチなファンを狙ううえでの最強の武器です。そして、日本の各地方は、それぞれに独自の魅力を持っています。

わかりやすいのは、観光や特産品でしょう。寒い地域だから採れる農産物がある、その地域の海だから獲れる魚介類がある、それらを使った加工品がある、美しい湖があるからホテル業ができる。その地域の素材を活かすことで、質の高い商品やサービスを提供できます。

それに、製造品であっても、決して地方のものが都会に劣っているということではありません。本書では第2章でECについて詳しく触れますが、都会の人が地方の商品をECで買うことは多いでしょう。もちろん、地方の人が地方から商品を買うこともあります。たとえば、九州はもともと通信販売が盛んで、化粧品や健康食品など、いろいろな商品が全国に向けて売り出されています。再春館製薬所の「ドモホルンリンクル」や、やずやの「にんにく卵黄」などが有名です。

都会には情報や人が集中し、新しいものがいろいろ出てきます。そのため、「かっこいい」「流行っている」という基準がすぐに変わる。それが地方に伝わってくるのに少し時間がかかるから、東京のものがすごくハイセンスのように見える。それだけの違いであって、技術や品質の面で、大きな違いはないはずです。

東京よりも給料の高い地域をつくる

各地域が持つ魅力を活かして、たくさんの企業が地方から全国へとビジネスを広げてほしい。さらに、日本を超えて世界へ挑戦してほしい。本書は、そうした想いから書かれたものです。

実際に、海をわたって活躍している企業はたくさんあります。たとえば、日本の焼肉チェーンがインドネシアで成功している、香川県発のうどんのお店がヨーロッパを席巻しているといった事例もあります。

日本の調理技術は非常に高く、サービスも高品質です。企業のノウハウをマニュアル化してフランチャイズで世界へ進出するという流れには、これからも大きな可能性があるでしょう。もちろん、飲食業やサービス業に限った話ではありません。製造業でも小売業でもＩＴでも、日本の地方企業は世界に出るためのポテンシャルを持っています。

ただ、現段階では、全国へ、そして世界に出るためのノウハウや意識が足りていない企業が多いのも実情です。先頭集団はすでにいますが、もっとチャレンジする会社を増やして、実績をつくっていかなければいけません。

日本の地方がそんな会社であふれたら素敵ですよね。その結果、東京よりも平均給料の高い道府県が出てきたら最高です。多少時間はかかると思いますが、地域が持つ魅力を活かして「世界に出よう」と声を掛け合う社会をつくる。そのためのツールやノウハウ、考え方について、お話ししていきます。

地方企業を東京の企業と同じ土俵に立たせる

どんな人も、自分の会社を信じて、時間という最も大事な資産を投資して働いています。当然、どんな場所にあるどんな企業でも、みんな想いを持って働いています。その想いが解放されることが、すごく重要です。強い想いを持って働く人たちに、より大きな活躍の場が与えられるようになってほしいと思います。

ただ、そのために「東京の企業が地方企業を助ける」といったことはできません。そもそも、東京と地方というカテゴリー分けに意味はないと考えています。それぞれの地域には独自の価値があって、そこにある企業は素晴らしいポテンシャルを持っている。そこに対して選択肢を提供することで、地方の活性化にもつながります。

「中小企業」と言うと、大企業に比べて資産が少ないといったイメージがあります。地方であれば、東京に比べて集まる情報も少なく、人材も足りない。同じ土俵で戦っているはずなのに、実際にはまったく条件が異なります。誰もが同じ土俵に立てることが大切です。力ある人たちは、社会的に弱者と言われている人たち、それに実際に弱者にされている人たちの助けにならないといけません。それは「人生を変える」というような大上段からの考え方ではなく、選択肢を与えてあげることです。

誤解を恐れずに言えば、中小・ベンチャー企業も、情報格差という点で、社会的な弱者です。そうした企業が多くの選択肢を持ち、世界に目を向けることができる。そこに雇用が生まれて多くの人たちが幸せになって、地方が、日本が幸せになっていく。そこにつながるための動きが必要です。

地方企業の持つ課題

中小企業の成長が日本の成長につながる

現在、日本の各地域では過疎化が進み、経済や財政の衰退、労働力不足などのさまざまな問題があります。人口の大半が地方住民である日本で、まずは地方の社会課題を解決していかなければ、私たちは次のステージに行くことはできないのではないでしょうか。

特に注目すべきは、中小企業です。都会のスタートアップ企業で生まれるイノベーションもとても大事なことですが、日本に存在する企業のうち、99％は中小企業だと言われています。

また、日本は世界一の老舗大国と言われています。創業１００年以上の企業は３万３０００社以上で世界全体の41・３％、創業２００年以上が１３００社以上で世界の65・0％と、圧倒的に大きな割合を占めています。業種別で見ると、やはり製造業・小売業・卸売業が多くなっています（以上日経ＢＰコンサルティング・周年事業ラボが２０２０年に発表した調査）。

地方の中小、老舗と呼ばれる企業の生産性を上げることで、世の中に与えるインパクトも大きくなります。本書でも、主に製造・小売を行う日本の中小企業を中心にお話ししていきます。

魅力的な企業を地方に増やしていく

地方の大きな課題の１つに、魅力的な企業が少ないという点があります。特に、若者が働きたいと思える企業が少ないということは、残念ながら事実でしょう。

リクルートの資料「就職プロセス調査２０１９年卒調査報告書―２０１８年12月１日時点―」によると、２０１９年卒業予定の大学生１２４３名へのアンケートの結果、地元で「働きたい」「どちらかというと働きたい」の合計は59・7％でした。

それだけの若者が地元に戻りたいと言っているのに、なぜ「東京に人口が集中して、地方は衰退する」と言われているのか。その理由は「若者から見て魅力的な会社が少ないから」という点が大きいと思っています。

すでにあるベンチャー企業が育ち切っていないということもありますが、そもそも新しく生まれていないという面もあります。自分たちの得意分野で勝負して、楽しそうに仕事をする。そうした魅力的なベンチャー企業が地元にあれば、戻って働こうと考える人は多いでしょう。

しかし、そうした企業はやはり東京に集中しています。地域に魅力的なベンチャー企業をつくることが、日本再生の第一歩だと思います。

先ほど述べた通り、地方の企業に素材がないわけではありません。そこでしか採れない特産品や観光地、代々受け継がれた職人の技術。自分たちだけの価値を持っているのに、うまく活かすことができていない企業が多い。これが大きな課題です。

もちろん、すべての企業がそうだというわけではなく、成長している会社は、自分たちの持つ価値を自覚しているのだと思います。ただ、多くの場合は自分たちの良いところは知っていても、それを表現できていないということでしょう。

日本人はアピールが苦手な側面があります。「自社の魅力なんてわざわざ言うことではない。当たり前のことだから」「なぜSNSに自分たちのことを上げなければいけないのか」と考える。しかしその多くは、客観的に見たときに大きな強みになり得ます。

世界中の歴史を通して、革命の多くは地方から起きています。中央に近ければ中央の真似をしてしまうけれど、中央から遠ければ遠いほど、独自の考え方で発展します。日本の地方であっても、そういうことができるはずです。その地域でしかできないビジネスが全国へ、世界へと広がることに価値があるのです。

新しいものを取り入れることへの抵抗感

地方の中小企業では、これまでマーケティングの知見のある人材が不足していると言われていました。それはいまでも同様ですが、マーケティングの課題以上に、デジタルデータを扱うことのできる人材が足りていません。働いている人のデジタルリテラシーも高いとは言えず、その必要性をあまり感じていないという側面もあるのかもしれません。もしくは、理解しようとしても、具体的な道筋を立てられないということもあるのでしょう。
いまの時代はほとんどの業界でデジタル化が進み、そこに注力することが成長の近道だと言えます。そう考えれば必要性を感じることができるはずですが、「既存の仕事が忙しくて、そんなことをしている時間はない」「デジタルは全部外注でいい」というのが実際のところでしょう。

この考え方の裏には、「周りの会社もやっていないから」という意識もあると思います。一概にどの地域が良い悪いということではありませんが、自分の周りだけを基準にしてしまう経営者が多いのも事実です。
人間関係の強さは地方企業の良さの1つでもありますが、反面、影響力が強すぎる側面もあるように思います。周囲の企業との間に競争環境が生まれづらく、優秀な企業が成長できずにいる。そうしたケースはよくあります。

地方の企業の方からよく聞く言葉は、「情報が足りない」です。しかし、これだけインターネットやSNSが発達し、生成AIまで出てきた現代に情報が探せないということはありません。情報が足りないというのは、探してない、考えてないというところに行き着くことが多いと思います。

こうした意識の背景には、新しいものを取り入れることへの抵抗感があるように感じます。たとえば、SUPER STUDIOがECのカートシステムを勧めると、「使い慣れてないから」「いま使っているもので十分だから」と断られることがよくありました。やはり、新しいものを取り入れることに対する抵抗感が大きかったのでしょう。

しかし、実際に見てもらえばその評価も変わります。現場でシステムを紹介すると、担当者の方からは「こんなに便利なのか」「すぐ入れてほしい」と言っていただくことができました。経営者は「生産性や売上を上げたい」と考えており、システムの良さをわかっていただければ、すぐに導入も決まります。

企業にとってプラスになるものであると理解できれば、「慣れていないから」「怖いから」といった抵抗感はなくなっていく。入口に抵抗があるがゆえに、伸び悩んでいる会社は多いのではないでしょうか。

地方と東京の違いは経営者の持つ「野心」

インターネットは、地域、場所、時間をすべて乗り越える、怪物的なインフラです。本書の内容は、インターネットを使って世界へ出ようという提案です。その意味では、東京でも大阪でもどこでも、条件は同じです。

そう考えたときに、東京と地方の違いは、能力やツールといった機能的な面よりも、野心のような気持ちの問題にあるかもしれません。「大きく稼ごう」「会社を大きくしよう」という意思。そうした野心がある人は地方にもたくさんいますが、やはり東京へと出てしまいます。

詳しくは第8章でお話ししますが、事業を広げていくには、最初の段階から拡大をイメージしておくことが必要です。場当たり的な展開では時間がかかりますし、うまくいかないことが多い。

まずは、企業として健全にお金を儲けることを、経営者自身が是として考えることが必要です。顧客にとって役に立つ製品やサービスを提供すれば、売上は上がるものです。

もっともっと上を目指してほしいと思います。

いま、平均給料は地方よりも東京が上回っていますが、道府県全体で、「東京以上に稼いで世界に出る」という意思を持ち、各社協力する。その結果「〇〇県の平均給料は東京より高い」という事例をつくることができたら、東京にいる必要はないと考える人は増えていきます。人材は東京から地方へ流れ、地方はより元気になっていきます。

そのために、各地方で挑戦する企業を増やすことが必要です。そうした動きが全国に広がり、国民1人あたりのGDP（Gross Domestic Product：国内総生産）を増やしていく。これからますます人口が減る中で、国全体のGDPでは人口が多い国に勝てません。しかし1人あたりのGDPであれば勝負できます。

国民それぞれの戦闘力が上がって、稼ぐ力が強くなる、給与が上がって、世界有数の国民になっていく。「人口が減っているけれど、みんなすごくお金持ちだよね」と言われる国になる。それは、無理なことではないのです。

世界挑戦のカギは「高付加価値」

「安さ」を求めてきた日本企業

中小企業の成長のヒントはどこにあるのか。本書では各分野に沿って考えていきますが、1つ、大きな可能性としてあるのは、「高付加価値で高く売る」という方向性です。

日本は戦後、見事に復興を遂げました。人口増加に伴い経済は新調し、多くの企業努力によって日本は豊かになり、巨大な内需を持つようになりました。そうして、「日本国内に向けて、安く大量に売る」という流れができました。また、内需に向けたビジネスをやろうと、企業の8割くらいをサービス業が占めるようになりました。

そこから人口が減っていくことで、内需は小さくなってしまいました。たくさんの人に向けて売ることは難しくなり、サービスも利用されなくなっていく。その危険を察知し、早い段階で世界に打って出た企業もあります。たとえばユニクロは、世界に向けて質の良いものを安く売ることで伸びたわけです。

しかし、多くの企業はいまだに内需に向けて安く売るというビジネスから脱却できていません。さまざまなものを安く提供しすぎて、世界に向けても国内に向けても対応できなくなっています。気づいたら経済成長は30年間横ばい。そこからなかなか抜け出せなくなったという構造です。

これからは、安く大量に売るのではなく、単価で勝負しなければいけません。日本ではトヨタやユニクロのような世界的な成功例がある一方で、ＬＶＭＨのような高付加価値の商品で勝負する企業の成功例はあまりありません。だから「コスパの良い会社、安くて良いものをつくることができる会社しか伸びない」と思い込んでしまっているのではないでしょうか。

業績を上げるいちばんの要素は「値上げ」

グローバルに打って出て、他国でも安くたくさん売るという戦略なら、それも1つの手です。しかし、地方に限らず東京も含め、実際にはグローバルに出ようという企業は少ない。内需しか見ていない企業がとってはいけない戦略を、そのままとっているのです。

こうした状況で、日本企業こそ高付加価値の商品を武器に世界に出るべきです。日本市場がシュリンクしていくからということもありますが、国内では価値があると思われなかったものが、世界では価値を認められるということは、よくある話です。

東京ミッドタウン八重洲にあるブルガリホテル東京は、安くても1泊数10万円という価格設定にもかかわらず、数カ月先までの予約が埋まっているそうです。5万円のホテルでも高いと感じる一般的な感覚とは雲泥の差です。

先日、会合でこのホテルへ行ったら、泊まっているのは全員外国人で、日本人は見かけませんでした。インバウンドの増加は、とても良い機会です。

たとえば、質の良い雪が降る、美味しい果物が獲れる、穏やかに釣りができる川がある、食品や観光で良い素材を持っているのだから、高価で質の高いサービスを提供することができます。

いま地方に行けば、すごく安く料理を提供する旅館があります。企業努力の賜物ですが、「安い」ということだけを理由に、お金持ちの人があまり行きたくなってしまうという面もあります。もっと多くの企業が、値段を高くして売ることを考えていくべきです。

1000円のタオルを1万円で売る

業績を上げるための最も大きな要素は、値上げです。これからは、値上げできた会社から成長していくはずです。

しかしこれまでの日本企業は、自分たちの商品を何とか安くつくって、安く売ろうと努力してきました。たとえば本来1000円のタオルをスーパーに置いてもらうために、工場の設備を変えて、生産工程を短くして、900円で売る。

しかし、日本にはもっと高い技術力があります。世界的に見ても、日本の技術はまだまだ捨てたものではありません。「安くて良いもの」ではなく、「本当に良いもの」をつくることができます。

その技術を活かして、高品質のタオルをつくって、１万円で売ることもできる。東京で買う人は少ないかもしれないけど、ニューヨークやパリに持っていけばどんどん売れるはずです。

これまではそうした手段もなく、日本語という独特の文化が壁になっていました。まず中国に売り出してうまくいかずに撤退する、というケースが多かったのです。

それがいまは解決されています。たとえば、静岡にプラモデルをつくっている企業があります。上質な塗装が高く評価されていて、日本では１０００円で売られています。この企業は同じ商品を世界に向けて売り出しました。

具体的な方法としては、AmazonのＦＢＡ(フルフィルメント by Amazon)という、在庫管理も配送もAmazonが代行するサービスです。これを利用してアメリカのAmazonに出すことで、３０００円くらいの金額で売れています。

このように、特にＥＣ事業者は、世界に売ることを前提に商品設計やプロモーションを考えていく時代です。高付加価値をつけて販路を広げて、単価も上げる。そうしてビジネスを展開することで、キャッシュができる。そのキャッシュでまた新しい投資をするという良いサイクルに乗せることができるのです。

地方の持つ「人間関係」に学ぶ

企業同士でノウハウを共有する

地方の企業は、東京とは大きく異なる点があります。それは、人間関係の強さ。これも大きなヒントとなり得ます。福岡を例にお話しします。

ＳＵＰＥＲ ＳＴＵＤＩＯが自社ＥＣのカートシステムの事業を始めた当初、クライアントの多くは都心の企業でした。一方で「ＥＣは九州が熱い」といった話を聞くことがあり、福岡の企業の支援をさせていただくようになりました。

九州はコールセンター発祥の地ということもあり、通信販売事業が盛んで、「通販大手」と言われる企業が複数あります。全国的な知名度はさておき、かなりの売上を誇っているところもたくさんあります。

なぜ九州でECが盛んなのかと考えると、いろいろ要素はありますが、企業同士のつながりが強いことがあるように思います。特に福岡では、同業、競合問わず、ノウハウの共有が盛んに行われています。大きく成功した企業が広く自分たちの経験を伝え、それを学んだ方々が独立してビジネスを始めるそうです。

当初、もしかしたら「うちより儲かってほしくないから」と、他社への営業を止められるケースがあるかもしれないと感じていました。しかし実際には、みなさん「あの会社を紹介するよ」「このシステム、お勧めですよ」と広げてくださっています。

また、九州の企業では、別の企業の人の話を聞いたり、社内ツアーに参加したりするということもよくあるそうです。経営者の方からも、「ほかの企業の思想を学びに行くんだ」という話をよく耳にします。勉強熱心な企業が多く、常に最新の情報をキャッチしようという姿勢があります。

一方で、都心の企業には、自分たちのノウハウなどをオープンにしない傾向があるように感じます。その結果、勝ち負けの構図になりやすい。企業同士が情報を共有するカルチャーを持つ地方では、共に成長することで勝敗はつかず、良い意味で均衡感が保たれています。

そして、「みんなで良くなろう」ということを前提に、多くの企業がさらに上を目指しています。ＥＣ事業で年間数10億から１００億円以上の売上を上げている企業もあり、客観的に見ればとても良い状態に思えますが、皆一様に「まだまだです」「先輩たちはもっとすごいから」と答えます。自分で創業して成功している方も多いですが、「自分は成功者である」といった雰囲気も感じさせません。

現代では、ビジネスのノウハウやスキーム、方程式はある程度決まってきています。強い成長意識を持つ地方の方々にそれをお伝えすることができれば、絶対に成長できるはずです。

人間関係でモノを買う

地方にはその土地特有の人間関係があり、福岡では人と人とのつながりで商売がまとまります。値段はあまり判断材料にならず、「あの人がやっているから」と電気屋に行って、「あの人が買ってくれたから」と家具を買います。あるいは、地方の方と会食をすると、「あの人のお店へ行かなきゃいけない」と、一晩で何件もハシゴすることになります。それだけ強いつながりのコミュニティがあるのです。

地方でビジネスを展開するうえでは、最初からビジネスを押し出すとうまくいきません。まずはそこにある関係性に溶け込む必要があります。地域の人と一緒に田植えをしたり、バレーボールをしたり、お祭りで働いたり、青年会議所のイベントに参加したり。

そうして初めて「本気」を認めてもらうことができます。そこからビジネスにつながり、また別の企業を紹介していただけるようになります。その繰り返しで次第とその地方の構図が見えてきて、どこに働き掛ければいいかがわかるようになります。

また、「話を聞く」ことも重要です。都心ではどんどん提案をするほうが喜ばれる傾向がありますが、地方の企業に同様の姿勢で臨むと、少し押しが強いと思われてしまうことがあります。まずは、どんなことに困っているのか、どんなことを目指しているのかを聞く。そのうえで、こちらからの提案をするようにしています。

地域の関係性に関する情報は、もちろんインターネットにはありません。自分たちが行って、聞いて、教えてもらうことでしかわかりません。ある地域でビジネスをしようと考えた際、そこには、いま関わっている人たちがいる。その地域に根強くある文化や歴史がビジネスにも影響してくる。この背景を知らなければ、うまくいきません。

地方に顧客との寄り添い方を学ぶ

地方でビジネスを展開するとき、ソリューションはもちろんのこと、同時に継続的なサポートも求められました。「ちゃんと面倒見てくれるのか？」「システムを導入した後も寄り添ってくれるのか？」。顧客のアフターケアが大切なのは全国どこでも変わりませんが、都心部に比べて地方では特に強く要求されたポイントです。

この背景には、その企業の人たち自身が、商品とお客様の触れ合いを重要視していることがあると思います。地方の企業はお客様に寄り添う姿勢が強い。これは本当に強く感じています。

福岡のある企業では、コールセンターに力を入れて成長しています。顧客を引きつけているのは、もちろん商品の魅力もありますが、コールセンターの担当者の方の力も大きくあります。商品について問い合わせがあった際に世間話をしたり、ときには人生相談に乗ったりすることもある。そうして「〇〇さんに勧められたから」と定期購入される方もたくさんいらっしゃると言います。

こうした話は、都心であれば非効率だと捉えられがちです。「1人のお客様に時間をかけてもしょうがないでしょう」といった話になってしまう。しかし、人と人との触れ合いを大事にする、この考え方こそが、ビジネスに差を生んでいるという部分もあると思います。

地方の農家さんからお米を買ったらほかの野菜がついてくる、といったサービスもありますが、これは「美味しい野菜を食べてもらおう」「買ってくれてありがとう」といった気持ちから始まったものでしょう。こうした姿勢が、電話やインターネットを介していても、深いつながりを生んでいきます。

本来ビジネスというものは、そこに人の想いが乗るものです。その原点に立ち返り、人との深いつながりを築く大切さを、都会のビジネスパーソンや経営者は学ぶべきではないでしょうか。

「この場所」で働くことの意味

世界の中での日本の価値は「和」

日本人は、欧米的なフィールドでは「意見を言わない」と言われがちです。しかし、それは価値観の違いに過ぎません。個人の意見も大事ですが、日本人はみんなで豊かになっていくことを選択してきました。自己主張ばかりして和が保たれないよりも、多少我慢しても、みんなで幸せになることを大事にしてきた文化です。

日本の先人たちは、そうして豊かな国をつくってきました。私たちも、それを誇りに思うべきです。落ちているゴミを拾う、挨拶もできる、割り込まずに整列できる。日本の価値は「和」にあるのです。

世の中には、「ベンチャーとしてリスクを覚悟で起業したんだから、倒産してもしょうがない」「古い企業が時代の波に乗れなかったんだから、成長できなくても自分たちのせい」という風潮があります。これは日本らしい発想ではないように感じます。

これからは日本人の利他精神がとても大事になってくると思います。自分のためではなく、家族のために働く、同僚のために働く、会社のために働く、顧客のために働く、社会のために働く。そうした姿勢です。

もちろん、自分自身のために働くことは何よりも大事なことですが、同時に、常に他人を思う気持ちも失ってはいけません。ビジネスとは誰かの役に立つことでお金をもらう行為です。「誰かのために」という方向性さえ見失わなければ、良い商品をつくることができ、良いサービスを提供できます。

自分のいるところが中心地

「和」の文化や利他的な精神は、東京では少し忘れられがちになっていますが、地方にはしっかり残っています。地方の人が持つ優しさや温かさは、やはり都会と比べてとても強いと感じます。プライベートなつながりはもちろん、ビジネスの場でもです。語弊のある表現かもしれませんが、東京とは「おせっかい」のレベルが違う。地方銀行も町内会もテレビ局も新聞社も、とにかく地元の企業を応援します。

これには、「地元を盛り上げよう」「自分たちは都会へ出ずに地元に残ったのだ」「東京へ出て行った人たちではなく、自分たちで盛り上げたい」といった強いプライドがあるのでしょう。

全国どこに住んでいても、自分たちの地域に対する想いを誰もが持っています。その想いを解放してあげることで、強いエネルギーが生まれます。

一例として、ソウルドアウトには全国23の拠点があり(2023年12月時点)、自分の地元で働いているメンバーもいます。そうしたメンバーの社員満足度は高く、退職率は低い。「地元で働くことができている」「地元に貢献できている」という満足感があるのでしょう。

それに、地方のコミュニティに属することの心理的安全もあります。東京の本社から地方に1人で行くことになるので、心理的なプレッシャーになる部分もあるのかもしれないと考えていたら、逆でした。その場にあるコミュニティに、みんなが迎え入れてくれるのです。

最近はウェルビーイングも大事にされており、地方で働くということはいまの時代にフィットした働き方とも言えるかもしれません。

地方のほうが人間らしく暮らしている

東京で働く人たちを見ると、みんな忙しそうです。ランチはコンビニでおにぎりを買って、10分で済ませる。そしてまた、午後の仕事を始める。忙しく働くことが、どこかかっこいいとされる雰囲気もあります。

しかし、実際には極めて貧しい状態ではないでしょうか。ゆっくり休憩も取れないほど働いて、お金を稼ぐことはできても、気持ちはすり減っていくだろうと思います。そんな人生を続けていくことは、やはりどこか不自然だと思います。

一方で、地方に行けば、お昼休憩を1時間以上取って、美味しいご飯を食べています。知った者同士、みんなでおしゃべりをしたり、おかずを分け合ったり、とても充実した時間です。

ランチの時間をとっただけでも、地方の人のほうが人間らしく暮らしています。そうした豊かさは、東京よりも地方のほうが大きいと感じます。

日本で「地方」と呼ばれている地域について、都会の人たちから見れば「地方」ですが、そこに住む人たちは、自分がいるところを「外側」とは考えていないでしょう。どんな人も、自分が生活を営む場所を中心地だと思っているはずです。

人のDNAには「生まれ育ったところで頑張りたい」と考えるプログラムが埋め込まれているのかもしれません。自分のいる土地でビジネスを拡大することができるなら、それがベストな選択肢の1つではないでしょうか。

第2章

顧客をファンに変える「自社EC」

「自社EC」でできること

ネット上に自社のお店を出すシステム

SUPER STUDIOのサービスであるecforceは、自社でECサイトを構築できるカートシステムです。

自社ECについて、よく「Amazonや楽天とは何が違うのか」と聞かれます。簡単に分類すると、Amazonや楽天は「ECモール」と言われる領域です。たくさんの企業が、インターネット上のモールの中にお店を出す仕組みです。それによって、消費者はいろいろなお店の商品を見比べて購入できるわけです。

一方で、自社ECは、ある会社が自社の商品やサービスを売るために、自分たちでECサイトを立ち上げるものです。システム運用や商品の発送なども、自分たちで行います。

どちらも、インターネットで商品やサービスを売るという点では同じですが、そのお店がすでに用意されているものが前者、自分たちでお店を立ち上げるのが後者、といったイメージです。

従来、個人向けのECのシステムはたくさんありましたが、ecforceは法人向けに特化しています。「ECサイトをしっかりと構築して売上を伸ばしたい」と考える企業に向けたソリューションになっています。

詳しくは後述しますが、従来のECサイトのカートシステムは、売る側にとっても買う側にとっても、使いやすいとは言えないものでした。そこを解消したうえで、企業が伝えたい価値観をECサイト上で表現できる。これが私たちの提供しているサービスです。

顧客情報を資産化できる

ecforceを導入するのは、「モノ」を売る企業がほとんどです。中でも多いのは化粧品や健康食品。ECにおいて重要なマーケティングにコストをかけやすいので、ビジネスモデルを構築しやすいと言えます。地方企業の場合は特に食品が多く、ほかにアパレルなども増えています。

地方の強みとして、やはり特産品や成分など、独自の魅力を持っている企業がたくさんあります。ECを活用すれば、そうした商品を日本全国、さらに世界に届けることができるというのが、大きな利点です。

また、自社ECでは、ECモールではかなわなかった、「顧客情報の資産化」ができるようになります。

ECモールは、メーカーから商品を集め、配送するシステムです。顧客の年齢、性別、居住地。それに、サイト上で、いつ、どのようにページを遷移して購入にいたったのかなどといった情報は、メーカーには知らされません。

お客様に直接商品を売る企業にとって、顧客情報はとても重要です。どんな人が買っているかがわかれば、自分たちからアプローチすることもできるし、近い客層に向けて広告を打つこともできる。そうしてターゲットが明確になることで、よりターゲットに適した商品開発もできます。

自社ＥＣであれば、こうした顧客情報を取得することができます。それによって、お客様に価値ある商品を届けられることが、大きなソリューションになっています。

オリジナル商品で売上を上げる

ＳＵＰＥＲ ＳＴＵＤＩＯは、もともとＥＣのカートシステムを提供するのではなく、自分たちで商品をつくって売る側として、化粧品のＥＣ事業を行っていました。現在のＥＣのカートシステムの事業を始めたのは２０１７年です。

自社でＥＣ事業を行っていた際に使っていたカートシステムはあまり使い勝手が良くなく、システム自体も複雑でした。自分たちがＥＣ運営をしやすいように1からオリジナルのシステムを構築して使っていたところ、ある企業から「うちにも提供してほしい」と声を掛けていただいたのが、いまの事業を始めたきっかけです。

ただ、当初は大々的に売り出そうという意思はなく、「知り合いにだけ提供できればいいかな」という感覚でいました。ただ、実際にやってみるとありがたいことに高評価をいただき、「困っている人が多いなら、自分たちがやる意味がある」と考えて、事業として本格化させていきました。

当時、自社ECでオリジナルの商品を売って売上を上げることは、一般的に難しいと考えられていました。その大きな理由は、認知を広げることの難しさです。ECで買ってもらうためには、お客様に知ってもらわなければいけない。そのためには、多額の広告投資が必要だったわけです。さらにECでは送料や手数料もかかるので、そのぶん薄利になってしまいます。

しかし、デジタル化によって広告費などを低く抑えることができるようになり、状況は一変しました。FacebookやInstagram、Twitter（現・X）といったSNSなどの台頭で、多額の広告費を投下しなくても、届けたいユーザーに、届けたい情報を届けることができるようになったわけです。

また、従来オリジナルの商品をつくるにはそれなりの設備投資も必要でしたが、OEM（Original Equipment Manufacturing：相手先ブランド名製造）で簡単につくれるようになりました。それが広く認知されたことも、EC拡大の大きな要因になっていると思います。

ＥＣはすでに物販の王道に

ecforceの事業を始めた当初、クライアントは、すでにＥＣ事業を始めていて、システムに課題を感じているケースが多かった印象です。簡易的なシステムを使っていて、「もっと本気でやりたいが、いまのシステムでは難しい」という課題を持った企業に導入いただくというケースが増えていきました。

そこで知り合った方々から、「新しくＥＣを立ち上げたいという会社があるから」と、ご紹介いただき、だんだんと新しくＥＣを始める企業が多くなっていきました。現在では、ecforceのマーケティングに注力していることもあり、新規立ち上げのクライアントがほとんどになっています。

こうした動きからもわかるように、多くの企業にとって、「ＥＣで自分たちの商品を全国に売る」という仕組みや概念自体に、まったく抵抗はないと思います。いまだに「インターネットでモノを届けるなんて！」という企業は、さすがにありません。

ずっと対面でモノを売ってきた経営者の方々には少し受け入れられないところがあるの

かもしれませんが、代替わりも進んでいます。2代目の経営者の方が自分たちの持っている強みを活かして企業や商品をリブランディングする。そうして新しい時代に沿った世界観でビジネスを展開されています。

「使いやすさ」を徹底的に考える

お客様の持つ課題を理解した設計

ＳＵＰＥＲ ＳＴＵＤＩＯでは、徹底してお客様目線に立つことを大事にしています。お客様というのは、ＥＣで商品を買うエンドユーザーも、サービスを導入するクライアントも両方です。

エンドユーザーが持つ課題は、「従来のＥＣサイトは買いにくい」という点に集約されます。であれば、ＥＣ事業者は、なぜ買いにくいのかを追求しなければいけません。そしてその原因がシステム上の課題であれば、私たちがシステムを改修しなければいけない。その連動が大事だと思います。

ecforceの事業を始めたとき、業界では、あまりシステム会社のことを信用していない雰囲気がありました。

当時から自社ECを構築するシステムはありましたが、操作性の悪いものが多く、また購入のシステムや在庫管理などをワンストップでできるシステムはありませんでした。EC事業者からすれば、「いろいろ試してみたけれど、良いものが出てきたためしがない」「自分たちがこうしてほしいと考えることを、システム会社側はそもそも理解できない」といった感覚です。

しかし私たちは、その課題を理解していました。なぜなら、先ほど触れた通り、私たち自身がEC事業を行っていたからです。

ecforceは、私たちの経験をもとに「このほうが買いやすい、使いやすい」という改善を徹底的に行っています。クライアントに「その課題、すごくわかります。使いづらいですよね。弊社のシステムでは全部改善しています」と、お客様に課題を先回りしてお伝えできるというのが、何よりの説得力になったのだと思います。

また、ecforce はSaaS(Software as a Service)として提供しているため、常に最新

の機能やトレンドなどがアップデートされていきます。使う側にとっては、毎月どんどん便利になっていくシステムです。

「もう、朝早く起きなくていいんですか？」

ecforceが他社の製品と比べて使いやすいシステムであることの一例として、配送作業があります。

ＥＣ事業では、配送する受注リストを、決まった時間までに物流側へ連携しなくてはいけません。事業者の現場のみなさんは、そうした配送手配を行うためのシステムを利用されていますが、従来のシステムでは処理の負荷が大きかったり、作業に何時間もかかったりするのが実態でした。特に1日に何千・何万件ほどの商品を出荷する場合は指定された時間に間に合わせるのが大変で、担当の方が早朝に出社して対応しているケースもありました。

それらの作業を、ecforceは数分で終えることができます。

実際にクライアントの現場でecforceのデモを行うと、「朝早く起きなくていいんですか?」と驚かれました。リソースを多大に投下している業務を効率化できるというところに、いちばん魅力を感じてもらえたのだと思います。

クライアント側も、「このシステムはこういうものだ」「出荷に時間はかかるものなんだ」と思い込んでいたところがあります。多くの課題を「それは変えられるんだ」と実感してもらうことで、導入が進んでいきました。

シームレスな購入体験を提供する

次に、ECで購入するお客様にとっての使いやすさです。

ECでは、お客様が買いやすい状態をつくること、つまり購入体験をシームレスにすることが重要です。しかしこの点も、従来の自社ECを構築するシステムではあまり考えられていませんでした。

わかりやすいのは、カートシステムです。経験がある人も多いと思いますが、ECサイトによっては、購入完了までにたくさんのステップを踏まなければいけないことがあります。

欲しいものを見つけて購入ページに進めば、「会員登録してください」と出てくる。そこをクリックすると会員登録のページに遷移し、住所や名前を入力する。さらに認証用のメールが送られてきて、サイトをいったん閉じて、そちらに移動しなければいけない。そうしてやっと会員登録が完了したと思ってサイトに戻ると、選んだ商品が「買い物カゴ」からなくなっている。「最初からやらないといけないのか……」と面倒になって、離脱してしまう。

こうした形で機能が分断していることにはシステム上の理由があるのですが、お客様からしてみれば、買いづらいだけです。これがecforceだと、商品の選定と会員情報の入力を、１つの画面で行うことができます。

ほかにも細かなところで言えば電話番号の入力です。サイト上で電話番号を入力する際、複数のセルに分かれているものがありますが、それぞれ打ち込むのは非常に面倒です。これが１つの枠になっていることで、打ち込みやすくなっています。また、いまは当たり前になってきていますが、住所を入力する際にも郵便番号を入れたら、都道府県から番地まで自動で入力されるといった改善もあります。

これらはＥＦＯ（エントリーフォーム最適化）と言われる分野です。ＥＣ事業者に対してこのサービスを提供している企業もありますが、ＥＣのシステム全体をつくっているわけではありません。企業側は、ＥＣサイトをつくったうえで、ＥＦＯを別の会社にお願いしなければいけないわけです。ecforceであれば、すべてワンストップで管理できます。

事業の柱にするための活用方法

ＥＣにはどんな商品が向いているか

ＥＣの黎明期は、商品の独自性が高く尖っているものであったり、価格帯が高額なものであったり、消費者の悩みに直接的にアプローチできたりするものが向いているなど、一定の傾向が見られました。しかし、現在のＥＣにおいては、商品の向き不向きがそこまで顕著に現れることがなくなってきているのではないかと思います。

強いて言えば、「ここで買う理由」をつくりやすい商品・サービスが向いているでしょうか。希少性の高いものや、特定の人の課題解決につながるものです。

たとえば「極小ロットでしか生産されない幻の日本酒」は、味と希少性で購買欲に訴えることができます。あるいは「劇的に薄毛を改善できる自社開発の育毛剤」は、特定の人の課題を解決することができます。また、定期的な購入が見込めるため、LTV（Life Time Value：顧客生涯価値）も伸びやすいというメリットもあります。

いずれも「ここで買う理由」をつくりやすい商品・サービスです。このように商品やサービスとニーズをマッチさせることができれば、それだけで売れていくでしょう。

ほかにも、写真や動画といったインターネットの特徴を活かしやすい商品やサービスもEC向きです。

たとえば、いわゆる「シズル感」の演出です。瓶に入ったはちみつは、スーパーの陳列棚やAmazonや楽天市場などに並んでいる限り、どれだけ容器のデザインを変えても「食べたい！」という欲求に訴えることは難しいでしょう。それがメーカーの自社ECサイトで、木匙ですくい上げた黄金色のはちみつがとろりと流れる動画が目に入れば、「美味しそう」と感じてもらえます。インターネットの特性を最大限に活かすノウハウを知ることで、お客様の欲求にダイレクトに訴求できます。

ECは、従来のように「多くの人に向けて、広く商売する」のではなく、自分たちの持つ「世界観」を伝え、1人のお客様との間に強いつながりをつくることが大切です。「たった1人の心をつかんで離さない商売をする」ことが、結果的にビジネスを加速させることになります。

ECの収益構造

企業がECを導入するとき、迷う要因の1つは「本当に儲かるのか?」ということです。ECモールでは手数料がかかり、自社サイトでも初期の導入費用や運営していくうえでのコスト、商品の送料などもかかります。

ここで重要なのが、顧客1人あたりの経済性を示す「ユニットエコノミクス」が成立しているかという観点です。ユニットエコノミクスは、売上LTV、販売原価の合計、CPA（Cost Per Acquisition：顧客獲得単価）で構成されており、売上LTVから販売原価の合計とCPAを引いた数字が1人の顧客から得られる粗利になります。

まず、このユニットエコノミクスが成立している状態をゴールとして目指します。これを維持できるようになれば、あとは顧客数を増やしていき、顧客あたりの売上が積み重なっていくことで事業全体の売上をつくっていくことができます。そこから人件費などの販売原価以外のコストが引かれますが、これがうまく回るようになれば利益が出るという構造です。

また、ＰＬ（損益計算書）におけるマーケティングコストの構成比の高さについても認識すべきです。商品原価や配送費など、ＥＣで売上をつくり出すのに必須なコストは重く感じますが、圧倒的に重いのはマーケティングコストであり、ここが成果として適切に返ってくる状態をつくれるかどうかが競争力の重要なポイントです。

参考文献：『D2C THE MODEL』（花岡宏明・飯尾元著、クロスメディア・パブリッシング）

D2C の収益構造

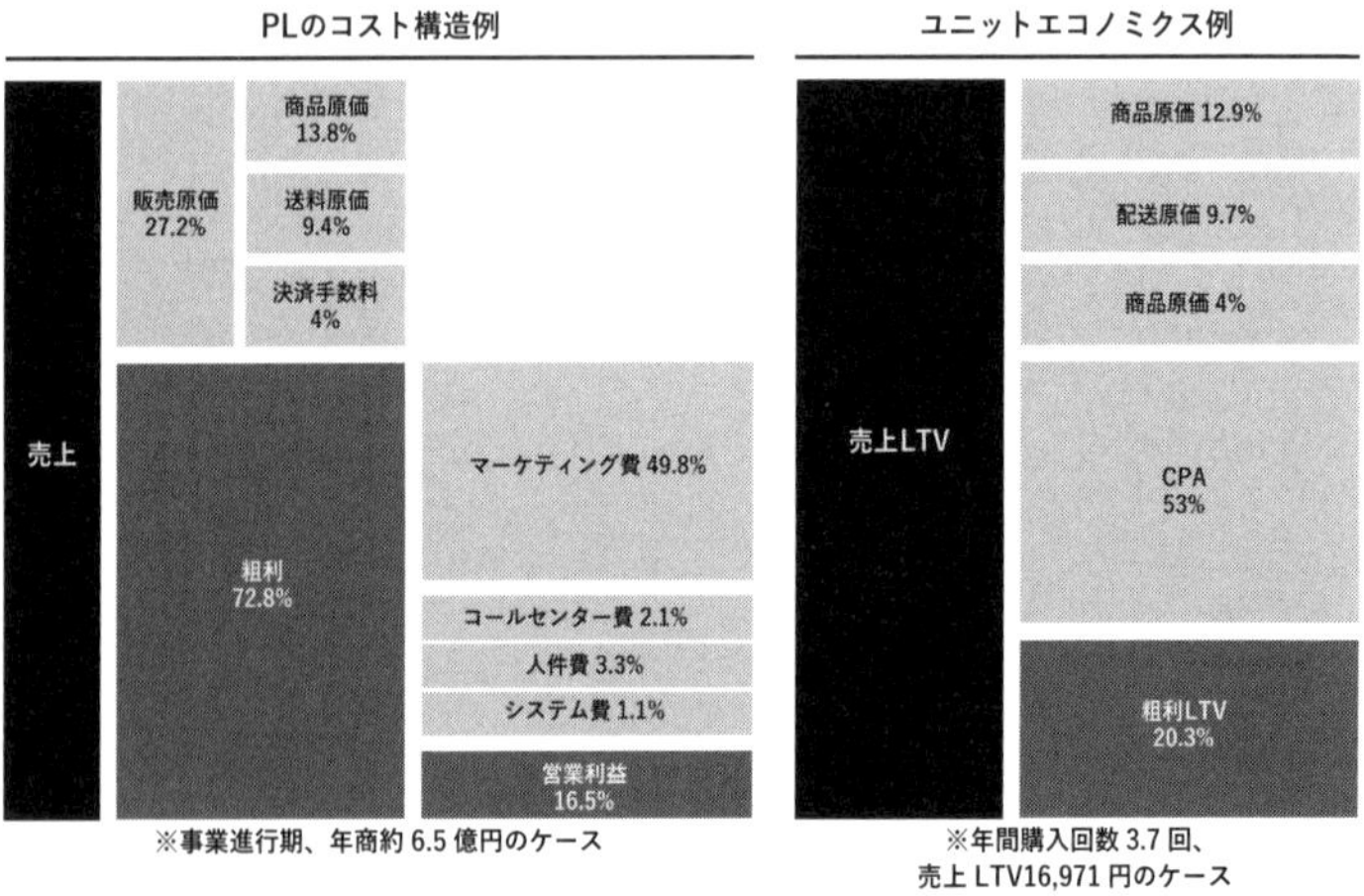

※事業進行期、年商約 6.5 億円のケース

※年間購入回数 3.7 回、
売上 LTV16,971 円のケース

出典：『D2C THE MODEL』（花岡宏明・飯尾元著、クロスメディア・パブリッシング）

ＥＣモールとのハイブリッドを考える

私たちは、自社ＥＣだけに注力することを勧めているわけではありません。基本的にはAmazon、楽天、自社ＥＣの３つを並行して活用するハイブリット型を提案しています。まずは単純に売り先が増える分、お客様が商品やサービスに出会う可能性が高くなります。何かを買おうとするとき、いつもAmazonで探す人もいれば、楽天しか見ない人もいます。お客様と商品の接点を増やすことで、より多くのお客様に見つけてもらうことができます。

また、マーケティングの観点では、最初にＥＣモールで認知を広げて、そこから徐々に自社ＥＣを育てていくというやり方もあります。

宮崎にある「タマチャンショップ」というお店が良い事例になっています。自然食をテーマに宮崎の土地を活かした商品を販売しており、全国に広めていきたいという想いを持たれています。

このお店は楽天でも大きく売上を伸ばしており、楽天ショップ・オブ・ザ・イヤーに何年もランクインしています。加えて自社ECも展開し、そこにたくさんのファンが生まれています。

お客様とのコミュニケーションを大切にし、フィードバックを受けて商品を開発していて、お客様と一緒に商品をつくっていくというイメージです。店舗も宮崎から全国につくるなど、仕掛け続けています。「タマチャンショップ」に関しては、第3章で代表取締役の田中耕太郎氏へのインタビューを掲載しているので、参考にしてください。

自分たちの「世界観」を伝える

買ってくれたお客様を逃がさないために

自社ECにとっていちばんの課題は、集客です。まずはお客様にサイトを知ってもらわないことには、売上につながりません。お客様が自分で検索することでサイトを訪れることもありますが、それを待っていても安定した売上にはなりません。

集客のためにはさまざまな施策がありますが、取り組みやすいのはSNS広告です。Facebook やX、Instagram、TikTok の広告を活用して認知を図り、コスト管理を最適化していくことが必要になります。

ただ、近年では、広告を使ってお客様に知っていただくことと同時に、一度サイトに来ていただいた方ににファンになってもらうことが大切になっています。

これだけ消費があふれている時代に、自分たちの商品に辿り着いてもらうチャンスは限られています。ＣＲＭ（Customer Relationship Management：顧客関係管理）やＬＴＶというように、１回買ってくださったお客様を逃がさず、しっかりと自分たちの良いところを感じていただき、長く使っていただくことが必要です。

直接的に商品を売ることを優先してしまうと、広告やサイト上の訴求がどうしても押しの強いものになってしまったり、脚色してしまったりすることもあります。そのメッセージに違和感があれば、お客様が離脱する可能性が高くなります。

モノを売るために表現すべきこと

お客様を育てていくための施策には時間がかかりますが、継続的な成長のためには欠かせません。特にこれからの時代はその傾向が強くなります。

世の中には、同じようなものがあふれています。たとえばボディーソープを買おうと思えば、どれを選んでいいのかわからないくらい、たくさんの商品があります。よりきれいになるもの、いい香りのするものを選ぼうと思いますが、機能面ではそんなに大きな差はありません。

そうした中で世の中で求められるのは、機能的価値から情緒的価値に移行しています。その商品を消費することで、どんな気持ちになれるのか。それがほかの商品では得られない価値になります。消費者はみな、コンビニやドラッグストアに行っても買えない、あるいは買わないいものを探しているのです。

では、何が情緒的価値を生み出すのかと言えば、その企業や商品だけが持つ世界観です。ボディーソープであれば、忙しい日常の中で、少しほっとできる時間を過ごすためのものだと打ち出す。それをビジュアルや言葉で表現することで、消費者の共感を引き出します。

最低限、「なぜそれをつくっているのか？」「どんな想いでつくっているのか？」といった部分は伝えるべきです。加えて、「どんな人がやっているか？」という部分も大切です。一時期から農家の方の顔写真が載ったパッケージの野菜などが売られるようになりました。生産者の顔が見えることで安心と共感が生まれる効果があり、これはＥＣでも同様です。

企業が消費者にダイレクトに商品を売る意味は、ブランド独自の世界観や価値を伝えることにあると思います。ECモールでは、自社の思うように商品の魅力や世界観を表現することはできません。小売店であっても、商品の陳列場所や見せ方をメーカーが強制的に指定することはできません。

それが自社ECであれば、思うようにデザインできる。これからは、自社ECを通してブランドの「世界観」を消費者に伝えることが、ファン獲得へとつながっていくでしょう。

ブランドの想いと商品を同時に見せる

多くのブランドでは、ブランドサイトとECサイトが別になっています。ブランドサイトで商品を知って、そこから別のサイトに遷移して注文する。あるいは、完全に別になっていてリンクのないサイトもあります。

そのため、商品の世界観を伝えても、それが購入に結びつきづらいという課題がありました。これがecforceでは、ブランドページと商品ページを一体化することができます。

従来、それぞれのページが分断されていたことにも、やはりシステムをつくるうえでの理由がありました。ただ、もしecforceのシステムを他社が真似しようと思えば、それほど難しいことではないと思います。

それなのに、この課題を解決するソリューションが提供されていなかった大きな理由は、誰もがこれを当たり前だと思っていて、そもそも一緒にしようという発想がなかったからです。この部分でも、私たちがもともとＥＣ事業を行っていた経験が活かされています。

またecforceでは、ブランドの世界観を伝えるため、デザインの自由度も高くなっています。従来のシステムではフォーマットが決まっていて、場所を変えるくらいしかできませんでした。

しかしecforceでは、フルカスタマイズでの独自のサイト構築も自由自在にできます。自分たちのビジョンをＥＣサイトに直接載せている企業もあります。これができることを理由に、従来のシステムから切り替えていただいたクライアントもあります。

ＥＣはライフスタイルになっている

商品を対面で売るのとＥＣで売るのとでは、前者のほうがより強く価値観を伝えることができるでしょう。やはり目で見て触って、直接的に商品に触れる。そこで話を聞くほうが、確実に愛着や購買意欲は上がります。

しかし、現代の生活において、インターネットは切っても切り離せません。ＥＣで買い物をすることも、特別なことではありません。スーパーに行って買い物をするのと同じように、インターネットやアプリで買い物をする。１カ月の間に１度もインターネットで買い物をしないという人は、極めてまれでしょう。ＥＣで商品を購入するということは、すでにライフスタイルになっているのです。

地方には良いものがまだまだあふれています。そして、それを表現する場としてＥＣの可能性は無限大です。

都内のお店を見ていても「いいな」と思う商品を調べてみると歴史があります。先代が大正時代に始めた商売で、そのお子さんがリブランディングして、時代に沿ったものとして売り出している。でも、新しく立ち上げた商品だと思うようなパッケージや売り方でお客様を集めています。

そうした売り出し方は、テクノロジーの発達した現代だからこそ、できることです。「自分たちもやりたいけれど、そのやり方がわからないからやれていない」ということがあるならば、ツールやシステムは揃っています。そこに自分たちのビジネスを乗せるだけで、いままでとは違う展開が待っています。

第3章

インタビュー

好きなものを、好きな仲間と、好きな場所から届けられる世界を目指して

九南サービス田中耕太郎×SUPER STUDIO真野 勉

田中耕太郎（たなか・こうたろう）

有限会社九南サービス代表取締役。宮崎県都城市出身1986年生まれ。都城工業高校卒業後、福岡県の音楽専門学校で音響を学ぶ。東京の番組制作会社勤務などを経て、2005年に父・茂穂会長が創業した九南サービスに入社。

同社が宮崎で運営する「タマチャンショップ」は、「美と健康を楽しむ世界をつくる」というコンセプトで、美味しくて体に良いさまざまなプロダクトをインターネットとリアル店舗で販売。楽天で6年連続「ショップ・オブ・ザ・イヤー」を受賞している。

お客様に教えてもらった「食」の魅力

真野： もともとお父様が椎茸農家をしていたところから、健康食品を販売するお店になったそうですね。どんな経緯があったのでしょうか。

田中： 初めは5坪くらいの小さなお店を1つ構えて、椎茸を扱いながら農産物を販売していました。自然の食材を求めてご来店されるお客様が、すごく多かったんです。
　お店のちょうど目の前に病院があります。病気になって薬も飲めない状態から自然食品を摂るようになって、体調が回復した方もいらっしゃいます。そこから「食」ってすごいなと感じ始めました。そうして自然食品に魅了され、自分でブランドをつくっていきたいという想いが生まれたんです。それがきっかけの1つですね。お店を立ち上げてから10年ぐらいは自社のオリジナル商品をつくりながら、いろいろな商品を仕入れて売っていました。

真野： いまはほとんどの商品を自社で製造されているんですよね。

田中：はい。弊社で加工工場を持っていて、いまは自分たちが欲しいと思う商品をすべてつくっています。タマチャンショップの商品はほとんどオリジナルですね。

真野：自社製品を広く販売していこうと方向転換されたのは、事業を始めてからどれくらいですか？

田中：本当に自分がつくりたいお店をつくるという覚悟を決めて、本格的にコンセプトを固めて、ＥＣサイトのデザインも自社でやり始めたのは10年前ぐらいですね。
20年くらい前に、私の父である弊社の会長が楽天で販売を始めたのですが、次第に片手間ではできなくなりました。私が実家に戻ってＥＣ事業に力を入れるようになって、徐々に方向性が決まってきました。

真野：自社ＥＣは田中さんが始めたビジネスというわけですね。なぜ実家のお仕事をしようと思ったのでしょうか。

田中：もともと、事業を継ぐ気はまったくありませんでした。絶対地元には戻ってきたくないという思いで福岡へ、さらに東京まで行きました。でも、将来何になるのかもふわふわしていた時期があったんですね。

手に職をつけないといけないと思ったタイミングで、インターネットが普及し始めました。当時社長だった父親が楽天で販売を始めていたので、「ちょっとおもしろそうだな。一度自分でやってみたい」と思って戻ってきました。家の事業をやりたいというよりも、一度本格的に仕事というものをしないといけないという思いから、実家に帰ってきたという感じです。

真野：そこから、ECでさまざまな自然食品を販売する流れになったわけですね。どういったものがよく売れているのでしょうか？

田中：いまは、軸として3つあります。健康的なおやつ、普段の食事として摂る自然食品。あとは1日で補い切れない栄養素を摂るための健康食品です。

おやつの中で人気なのは、アーモンド小魚の、「OH!オサカーナ」という商品です。発売を始めてから5年目くらいの商品で、約500万袋販売しています。自然食品では、雑穀米や三十雑穀という商品がよく売れていて、これまで1000万袋近く販売しています。健康食品では、「タンパクオトメ」という女性専用のプロテインがありまして、こちらは300万袋ぐらいの販売です。

真野：すごい数ですね。自社ECを始めたときはどんな課題を感じていましたか？

田中：自分たちの表現したいことをデザインに落とし込めない、というところですね。サイトをつくるときに「オフラインのような、手触り感のあるサイトを制作する」というコンセプトを決めていたんですが、難しい部分がありました。

ネットで売るということは、ちょっとドライな印象があると思います。その中で、「どうやったら自社ECサイトで自分たちの想いを伝えられるのだろうか?」と考えたとき、SUPER STUDIOのシステムなら自分たちの世界観が表現できると思ってお願いしました。それと、定期購入を軸にしたいとも考えていて、そのためにしっかり分析できるところも、お願いした理由の1つですね。

真野：「自社ECを始めたいけど、どうしたらいいか」という課題を持つ企業のために、我々ができることはたくさんあると思います。本格的に弊社サービスのご利用をスタートされたのは、3～4年くらい前ですかね。

田中：そうですね。

真野：僕はSUPER STUDIOを立ち上げたときから、いろいろな会社を見てきました。初めは「売るためにマーケティングをどう広げるか？」といった目線のお客様が多かったんです。ここまで地元に根差して、商品愛を持って、それを日本へ、そして世界へ広げていくのだという発想でビジネスを続けている会社さんには出会えていませんでした。そこに感動を覚えたんです。

タマチャンショップのお客様は、みなさん「本当に良いお店だ」と口を揃えて言いますよね。それは商品からも強く伝わってきます。私自身も多くの人に知ってほしいと思います。

田中：そう言っていただけるのは本当に嬉しいです。ありがとうございます。

真野：お客様に良いお店だと言ってもらえるのは、なぜだと思いますか？

田中：もちろん商品の魅力です。20年前に地元に帰ってきたときに、初めてパソコンを触りました。当時はとにかく気持ちでいくしかないと思っていました。地元に帰ってきたからには、絶対に東京に負けないような会社をつくりたいと思っていたんです。

自分が地元に戻ってきて会社をやるなら、「田舎だから」という言葉は使いたくないと思いました。そのために、宮崎の魅力をどう活かしたらいいかと考えてみたら、食のポテンシャルはすごく高かった。だからこそ、どこにも負けない商品をつくろうという想いがあります。

真野：田中さんの熱い想いが、商品を通してお客様にも伝わっているんですね。

田中：ただ、その熱量をいかにECで表現できるかは、挑戦でもありました。いろいろ試行錯誤を重ねていく中で、自分たちの想いがページに載ったときに商品が売れるという実感を持つことができたんです。それが積み重なって、いまのタマチャンショップがあると思います。

そして何より、私たちの想いや商品を評価してくださったお客様がいてこそだと思っています。タマチャンショップは、私の力ではなくお客様やメーカーさんの力によって、いまの形になっています。

真野：タマチャンショップは、EC事業を行う企業が成功するためにいちばん大切なことを持っていらっしゃると思います。ある種の反骨心と熱量、商品への飽くなき挑戦と努力。そこがすごく良いなと思っています。

田中：ありがとうございます。

お客様と一緒に商品をつくる

真野：田中さんはよく、「お客様も自分たちの従業員である」とおっしゃっていますよね。その言葉、すごく好きです。お客様のほうがタマチャンショップに詳しいともおっしゃっていました。お客様との関係がそこまで強いお店はなかなかないと思います。

田中：僕たちは食を通じて、美と健康を楽しむことができる世界をつくりたいと考えています。美しくいる、健康でいるために必死で努力するのではなく、その過程も楽しむ。自分たちのプロダクトが広がっていけばいくほど、少しずつ世の中を変えていけると思っています。その世界をお客様と一緒につくっていきたいですね。

真野：それは御社が目指す世界をお客様と一緒につくっていく、ということですか？

田中：そうですね。いままでは弊社が企画してつくった商品を販売していましたが、これからは、お客様と一緒に商品開発をしていきます。商品を体験してもらって、フィードバックをもらって、ブラッシュアップしていくという取り組みを始めています。

真野：なるほど。食で美と健康を楽しむ世界とはどんなものでしょうか？

田中：いま弊社には、タマリバというコミュニティサイトがあります。そこではお客様がうちの商品を使って、「こういう料理をつくったよ」といったように、日常の中でヘルシーな内容のコンテンツを発信しています。

1つの商品でも、いろいろな使い方をしてレシピを提案してくださるお客様がいらっしゃいます。それは健康になりたいからというよりも、楽しんでやられている。それが自分たちにとって理想的な形だと思っています。「これを食べないといけない」「これしか食べちゃダメ」ということではなくて、いろいろなものを食として楽しみながら、辿り着いた先が健康だったという世界観です。

真野：お客様に商品を買ってもらうということを超えて、新しいコミュニティを創造する。ＥＣの究極はそこにあるとずっと思っています。お客様との距離が近いことによって、お客様の意見が商品づくりに活かされるといったように、熱狂的なファンがいるというのは、商品やメーカーにとってはいちばん重要なポイントになってくるのではないでしょうか。

田中：そうですね。その通りだと思います。

真野：一方で、リアルな店舗を通して生まれた、現地のコミュニティもあると思います。店舗で買うファンとＥＣで買うファンは、何かの視点で区別されていますか？

田中：以前は「東京の人たちにはこれが合いそう」と考えて商品を展開していましたが、いまは「どこにもタマチャンショップの商品が好きな人たちはいるよね」という気持ちで届けています。「宮崎にこういう人がいる」「東京にこういう人がいる」ということはあまり意識しません。東京に向けて売るときも、友達を探しに行っているような感覚に近いです。

真野：東京に向けて何かを発信するわけではなく、タマチャンショップの仲間集めなんですね？

田中：その感覚です。「この層だけを狙いにいく」といったマーケットインの考え方ではなく、自分たちが良いと思うものを売るプロダクトアウトの考え方です。自分たちでつくりたいビジョンがある中で、「今回この作品ができました」とお見せしていくような形で商品を提供したいと思います。

真野：プロダクトアウトは、ＥＣがうまくいっている会社の共通点の1つだと思います。なかなか難しいことではあると思いますが、特にいまの時代は大切だと感じます。

田中：当社のお客様は、タマチャンショップの商品だけではなく、ビジョンを買ってくださっている、という感覚があります。情報があふれている中で、お客様からタマチャンショップの発信する情報をキャッチしにきてくださっている。これを「砂場理論」と僕は言っています。

真野：面白いですね。どういう理論でしょうか。

田中：僕たちが砂場をつくって、いろいろなお客様がいろいろなところから穴を掘り始めて、そのトンネルがつながって、つながって、つながっていく。商品を売るうえでは、地方性といったものはあまり感じていません。宮崎にも、東京にも、ほかの地域にも、私たちに共感してくれるお客様がたくさんいらっしゃいます。そうした人が、具体的にどこにいらっしゃるか。その情報を、商品を通じて集めにいくという感覚です。

ECで自分たちの世界観を伝えるには

真野：ＥＣサイトでビジョンを伝えるうえで、「こういうところは特に見せなければいけない」といったような、注意すべき点はあるのでしょうか。

田中：既存のお客様が見たときに「これ、タマチャンの商品だよね」と感じてもらうことがすごく大事です。そのためには、自分たちの色をぶらさないことです。つくるところから届けるところまで、一貫してしっかりデザインしていくことを大切にしています。宮崎で売る場合も、全国で売る場合も、メッセージや売り方、見せ方、何を伝えていくかなどは、基本的に変えません。

真野：大切にしていることを要素に分解するとしたら、どんなことでしょうか。色味や使う言葉などでしょうか。

田中：ほぼすべて、と言えます。言葉遣いや色、フォントの種類。梱包物やパッケージの素材。ＳＤＧｓ（Sustainable Development Goals：持続可能な開発目標）が大事と言われているので、なるべく環境に良いものを選ぶといったことも含めて。

それから写真ですね。

自分たちの世界観を伝えることがいちばん重要だと思っています。トータルしてタマチャンショップだというブランディングです。

真野：なるほど。それぞれ、デザインを担当されている方がいるのですか？

田中：専属の社員がいるわけではなくて、マニュアルのような「トンマナ資料」がありま す。「色はこのトーンをベースに使う」「方向性がこういうふうにぶれたときはまずい」。そういうガイドラインみたいなものです。

真野：そのトンマナ資料はご自身でつくられたのですか？

田中：当初、専属のデザイナーさんが分厚い冊子をつくってくれました。いまは自社で全部やるようになりましたが、以前はその方にずっとデザインのトータルブランディングをしていただいていたんです。

真野：世界観を表現するうえで、そこまで徹底する企業は少ないと思います。これからはそういう組織づくりをすることが、成功するために大事な指標の1つになるように思います。田中さんの場合は、世界観を表現する必要性を感じた出来事があったのでしょうか。

田中：ECを始めた当初は、楽天のネームバリューのおかげで売上が伸びたという面がありました。それは良いことなのですが、「楽天で買った」とおっしゃるお客様が多かったんですね。「タマチャンショップ」を認識していないわけです。

真野：なるほど。それは複雑な気持ちになりますね。

田中：会社としても、現在のように方向性が定まっていなかったこともあって、とにかく「売れるものを売っていた」という時期もありました。しかし、デザイナーからの一言ですべて変えることにしました。

「売りたいものの前に、何を伝えたいのか、この会社として何をしていきたいのか」。いわゆるパーパスですね。会社の存在意義からお客様に伝え直そうと思いました。そうしてすべてをリニューアルした瞬間から、お客様が熱狂的になった印象があります。

真野：そこがターニングポイントだったんですね。

田中：はい。これでうまくいかなければECをやめる、くらいの覚悟でした。結果的に、私たちの想いが初めて伝わったのだと思います。世界観を表現することの大切さを、そのときに強く実感できましたね。これからも、根本的な部分は変えないほうがいいだろうというのはすごく感じます。揺るがないことが、いまのタマチャンショップの強みになっていると思います。

真野：企業にECを勧めるときに、自社の想いや世界観を発信することについて、その必要性を伝えるのは難しいと感じています。「わかってはいるけど……」といった反応が多いんです。どのような考えで商品づくりをしているか、どうしていきたいのかを伺ったうえで、丁寧にお話ししていくことが大切だと思います。

田中：そうですね。やはり課題も多いと思います。

真野：ＥＣでモノを売ることに対して、「自分たちの想いが、逆に届きづらくなるんじゃないか」といったイメージが一般的にはあるかもしれません。本当に良いものだったら、「目の前にいるお客様だけに売ったほうがいいのではないか」といった感覚はなかったでしょうか。

田中：ありましたね。僕たちはオフラインの店舗もやっていますが、それはある種の悔しさからつくったんです。ＥＣで売ろうと熱量を込めて長いランディングページをつくってみたものの、「ただ売りたいだけ」の会社と思われた時期もありました。電話で直接言われたこともあります。自分の気持ちをいくらインターネットで表現したとしても、オフライン以上に強く伝えるのはなかなか難しいのだろうと思っていました。

真野：直接コミュニケーションするのとは、やはり違いがありますよね。

田中：ただ、そんな中でも自分たちが表現し切れていない想いを、お客様が察知してくださることもありました。「タマチャンショップって、きっとこういうふうに商品をつくったんだと思います」というようなレビューを見て、「伝わっている！」と感動しました。

これまで、モノの時代、コトの時代、ヒトの時代と変わってきて、最終的に自分たちの物語をどう売っていくか、になっていくと思います。いかに物語を売っていけるのか、伝えていけるのかを常に考えています。苦労もありながら、楽しいことでもありますね。

真野：もともと楽天で販売されていたこともあって自社ECに舵を切ることができたわけですが、リアル店舗もお持ちなので、リアルでお客様を増やしていくこともできたわけですよね。前者を選択したのはなぜですか？

田中：そうですね。これもターニングポイントがありました。楽天で販売を始めたとき、1日の注文件数は0か1件という状態がずっと続いていました。でもある日、テレビ番組で商品が取り上げられて、2000件くらいの注文が入ったときがあったんです。

真野：すごい！

田中：そのときに、可能性が見えたんです。リアル店舗には良さもありますが、限界があるじゃないですか。まず、24時間販売することが難しい。アクセスできるお客様の数も、抱えられる在庫も限られます。

一方、ECは入口を大きくできます。オフラインにある限界が、オンラインにはない。5坪の店舗では、2000件の注文には対応できなかったと思います。運良くテレビに出たことがきっかけになりましたが、そのときにいろいろなお客様に商品を見ていただける可能性を感じました。

理性と情熱のバランス

真野：すぐにアクセスできて、誰でも、いつでも、どこでも買えるようにできる。24時間の「店舗」を構えられる。ここはECの大きな可能性ですよね。
御社のホームページには、「ニッポンのおかあちゃんになりたい！」という言葉があります。ここに込められた想いはどんなものですか？

田中：自分たちがこれからつくっていく商品を通して、お客様と、お母さんと子どものような関係性を築きたいということです。子どもって、お母さんがつくるものを、どれも安心して食べますよね。
自分たちがこれから提供していく商品を、お客様に安心安全に食べていただく。そしてそれが、私たちの成長やお客様の健康につながってほしい。だから、「ニッポンのおかあちゃんになりたい！」と宣言しています。

真野：御社のようにECで大きく展開されていると、モノをつくって売る企業の方から相談を受けることがあると思います。世の中に自社の商品を広く売りだしたいけれど、なかなか大きく展開できていない企業には、どんな課題があると思われますか？

田中：「自分たちが売りたいものがある」という意識が強すぎる方が多いかなと思います。特に九州の方は、つくることは得意なんですよ。ただ、その前に自分たちの商品を使ってくださるお客様のことを、なかなかイメージできていないのかもしれません。自分たちの売りたいものをとりあえずつくる、というのではうまくいかないのだと思います。

理性と情熱のバランスが大事です。売りたいという気持ちも大事ですが、お客様のことを考えて、「本当にお客様がそれを欲しいのか？」を考える必要があります。いままでお伝えしてきた「自社のコンセプト」というのも重要ですが、「そのコンセプトに共感してくださるお客様が実際にいるのか？」ということもイメージしなければいけないと感じています。

真野：本当におっしゃる通りですね。良い商品をつくっても売れないこともあると思います。マーケティング先行型で、売りやすいように商品をつくったからといって、それが広がったり継続的に買ってもらえたりするわけでもありませんね。

田中：そうですね。いろいろな考え方がありますが、偏ってはいけないと思います。

真野：これからタマチャンショップのような事例が増えていくと、世の中にどんな変化が出てくると思いますか？

田中：いままでは、人口密度が高いところでビジネスが育つといった感覚がありました。でもわざわざ都会に行かなくても、自分たちの生まれ育った場所でビジネスができるということが証明されることで、同様の取り組みが増え、日本の景気は良くなると思います。

それに、ものづくりに携わる人たちがいつでもオンラインでビジネスに挑戦できる環境ができると、どんどん世界へ羽ばたくような商品ができるでしょう。そのために私たちがどんどん挑戦して、いろいろなモデルをオープンソースにできればいいなと思っています。

真野：自分たちの生まれ育った場所で、そこにあるものを使って、自分たちで売ることができる。地元にいながら都会に負けないビジネスができることは、個人の人生にどういう影響があると思われますか？

田中：自分が好きなものを仕事にできる、そして自分が好きなものを伝えること自体が、生きる糧になるはずです。これからは、お金だけが幸せのベクトルではないと思っています。自分が好きな時間に、好きなもので、好きなビジネスができる。それで十分幸せになれるはずです。そういったライフスタイルを、若い世代が少しでも実現できる可能性をつくってあげたいと強く思っています。

真野：地元が好きな人にとって、大きな希望になりますね。

田中：そうですね。地元で好きな友達と一緒にビジネスができる、というのも幸せですよね。これからどんな仕事が生き残っていくかもわからないので、とにかく自分たちで好きなものを好きな場所から発信できることが大事なことではないでしょうか。

真野：これからは、それが当たり前になっていくことが大事だと思っています。我々が目指しているのもそういう世界です。どこからでも事業を立ち上げて、表現できる。それはＥＣだからこそできることだと思います。

商品をＥＣで買うというのは、これからライフスタイルになっていくと思います。お風呂に入ったり、ご飯を食べたりするのと同様に、日常的な行動の１つになっていくと思います。それができる世界観をつくっていきたいですし、ある程度自然とそうなっていくでしょう。個人として買うものを選ぶときに、タマチャンショップのようなお店がたくさん日本全国から出てくると、ものすごく素敵だろうと思います。我々のような支援側としては、そういった世界をつくっていく土台を構築していきたいと思っています。

第4章

顧客と仲間を集める「デジタル活用」

老舗企業を変えたデジタルの視点

老舗企業に求められる新時代への対応

地方の中小・老舗企業は、3つの共通課題を抱えています。顧客の高齢化、デジタルを活用できる人材の不在、既存国内マーケットの縮小です。

ソウルドアウトは、日本全国のお客様に対して、これらの課題を一枚岩で解決できる存在を目指しています。代表的な取り組みをご紹介します。

増永眼鏡は1905年に創業した、福井県鯖江に眼鏡フレーム産業を興した「ものづくりジャパン」の代表格とも言える老舗で、昭和天皇に献上する眼鏡も製作されていました。

100名以上の製造を担う社員を抱え、5~10万円の高価格帯の商品をコアなファンに展開。一方で、コンタクトレンズの普及、眼鏡の低価格化が進んでいく中、海外は好調であるものの、国内の売上は減少傾向にありました。

国内向けネットショップの開設や、主要都市に展開していた複数の直営店に、どうやってデジタル時代の顧客を流入させていくか。売上アップの未来導線を、明確に見いだせない状況でした。

ビジネスの成長をわかりやすく数字で示す

増永眼鏡の場合は、我々のチームが現場へ何度も視察に行き、どんな未来を描いているのかを徹底的にヒアリングしたうえで、プレゼンを行いました。

老舗の未来については語りづらい部分もありますが、生々しい数字から目を背けないことが大事です。「3年で売上2倍増を目標に。そのために、2024年までにサイトの年間ROAS（Return On Advertising：広告の費用対効果）130％以上を目指しましょう」と、ネットショップの開設と合わせ、成長に必要な投資金額を示して提案しました。

DXとD2Cを集結・連結する

未来戦略において、①直営店舗へのデジタルを駆使した集客、②ショッピングサイトからの直接購入の2つを綿密に組み合わせて成長させる第1フェーズをつくっています。

老舗のビジネスは急成長が難しい反面、いわゆる「ご贔屓様」が存在します。一定の顧客がいて、新規の顧客も一度付き合うと長い関係に持ち込みやすい。DXを推進することで、これまでのお客様プラス、これからのお客様を、しっかりとしたサービス体制のもとで、増永眼鏡に直結するデジタル顧客へアップデートしていくことを徹底しています。

若い層を取り込むリブランディング

増永眼鏡はそれまで50歳以上がメイン顧客でしたが、健全な未来成長のためには、より若い層の顧客を取り込む必要がありました。

現在は大谷翔平選手に代表されるように、世界を舞台に活躍する若き日本人の姿をよく目にします。そうした時代背景も踏まえたうえで、海外マーケットで高い人気を誇っている増永眼鏡にしかできない企画を考えました。

日本にとどまらず、世界を舞台に活躍する若き「日本の顔」とコラボし、眼鏡らしく「目の前」でサポートする。その人らしさを一緒にビジュアライズすることに徹した「SNS世代に向けたクリエイティブ」です。

リブランディングコピーは「この国の新しい顔をつくれ」。若者から絶大な支持を得ているアーティスト、ビートボクサーのSHOW－GOさんをキービジュアルに起用したことで、ネットで一気に拡散されました。


さらに、「眼鏡の試着そのものを未来体験に」ということで、自分のアバターに眼鏡を試着させられるオンラインストアのオープンもサポートさせていただきました。虎ノ門ヒルズのポップアップショップには、未来への旅を体験できるプロジェクションマッピングを見ている間に、お客様の3Dデータが完成していく体験装置の設営もお手伝いしました。

ここで撮影した3Dデータは、スマホはじめ各種ディバイスでご利用が可能となり、自分の自由時間に好みのフレーム購入ができるという未来連携も進めています。とはいえ、眼鏡はネットだけで購入するのはまだハードルがある商品なので、お店で実物を見て決めたいお客様向けの来店予約フォーム対応もしております。

増永眼鏡のプロジェクトは、博報堂、北陸博報堂のみなさんとチームを組んで取り組みました。先に述べたリブランディングコピーや眼鏡の試着体験などのブランドの強化を軸に、弊社の強みであるデジタルマーケティングを推進しました。ユーザーのさまざまなインサイトに合わせ、心から納得していただける仕掛けをサポートしています。

今後は、オフラインの顧客情報をすべてデータ化し、オンラインストアで集まる新たな顧客情報と合わせて1つに統合することで、老舗が培ってきた高いLTVを、デジタルで一元管理できるフルファネル型の未来伴走をしてまいります。

デジタルに対する意識を変える

４つのカンパニーで中小・ベンチャー企業を支援

ソウルドアウトは、日本全国の中小・ベンチャー企業に対してサービスを行っています。現在、４つのカンパニーでサービスを提供しています。

１つ目はマーケティングカンパニー。ここではデジタルマーケティング支援を行っています。マーケティング戦略の立案や検証を行うコンサルティングサービス、ホームページなどのクリエイティブ制作、広告の運用代行、ＳＮＳの運用支援、Amazonでの販売サポートなどをしています。

2つ目がソフトウェアカンパニーです。こちらは日本全国の広告会社向けに、主に生産性向上を目的としたソリューションを展開しています。
広告主・広告会社の悩みは、「工数をいかに削減するか」「売上をどう上げていくか」の2つに集約されます。リスティング広告の運用データをもとにしたレポーティングツールの提供や、提案書をほぼ自動で作成することができるようなツールを提供しています。

3つ目がメディアカンパニーです。ここではコンテンツマーケティングの支援に注力しています。コンテンツマーケティングを強化して検索上位に上がるようになると、広告費を圧縮できます。顧客にとっては、一過性の広告よりも資産性の高いアプローチになります。

4つ目のDXカンパニーは、データ回りを整理して可視化する提案を行っています。昨今、中小企業の中でも、データインテグレーション（さまざまなデータを統合し、データの価値を高めるプロセス）のニーズが高まっています。データの見える化や整理整頓、分析、そのためのツール導入という支援をこのカンパニーで引き受けています。

課題はシステムよりも知識や人材

今回はこの中でも、地方の中小企業にとってより有効なソリューションとなる、デジタルマーケティングとＤＸに注目して話を進めます。

デジタルマーケティングやデータ活用がうまくいかないパターンは、システムよりも知識や人材の不足です。基本的なデジタル広告の知識であってもわからないという企業はまだたくさんあります。

我々がそうした企業に対して「まずはお客様がある程度の知識をつけてください」とお伝えすると、「何が良いか悪いかを自分たちで判断できない」と答えます。それが悪いことは言いませんが、結果として、施策は広告代理店頼みになってしまいます。良質な代理店であればいいですが、世の中にはそうではない企業もたくさんあります。

苦手意識を超えて、新しいことを取り入れていかなければいけません。現場の方々とお話をしていると、「俺の経験値で言うと」「社長の言うことが絶対」といった言葉が出てきます。誰も逆らわないし、意見もしない。社長の成功体験で事業が成り立っている企業は多いのが実情です。

それに、気持ちがあっても手が回らないケースもよく見られます。ある程度大きい企業であれば、マーケティングの部署やデジタルマーケティング専任の担当もいますが、中小企業では1人で何役もこなさなければいけません。そんな状況で、わざわざデータ入力なんてしたくないというのが実情でしょう。

そう考えると、外注することが正しい選択肢だと思います。そこで空いたリソースを商品開発などに投下する。1つの商品をヒットさせても、すぐ枯渇してしまう時代です。企業の持続的な成長のためには、次から次へと手を打つことが欠かせません。

とはいえ、先ほど述べた通り、ある程度の知識を持っておくことは必要です。まずはその意識変革から考えてほしいと思います。

デジタル活用で広がる2つの可能性

中小企業がデジタルを活用することによって、どんな可能性が広がるか。一言では言えませんが、大きく2つあります。

1つ目は、継続した売上を上げる仕組みを設けることができることです。

我々が中小・ベンチャー企業の支援をさせていただく中で、課題はさまざまにありますが、結局は売上をつくるということが最も大事であるということに辿り着きました。

ローリスク・ハイリターンで売上をつくると考えると、最初に打てる手がネット広告です。広告の費用対効果は不明確だと捉えがちですが、デジタル広告に限って言えば、そんなことはありません。どれだけの金額を投資して、どれくらいの売上が出たかは可視化できます。

もう1つは、自分たちの状況を知り、打ち手がわかることです。

人間は、健康診断をしてどこが悪いかわからなければ、しかるべき対応がわかりません。

肝臓の数値が悪いとわかって、お酒をやめる、サプリを飲むという行動に移すことができるわけです。

企業の場合も、さまざまなデータを可視化できて初めて取るべきアクションがわかります。しかし多くの場合、自分たちがどういう状態かわからず八方塞がりになってしまっている、もしくは施策が的外れになってしまっています。咳が出るからと風邪薬をずっと飲んでいるけれど、良くはならない。咳の原因が実は肺炎だったとなれば、まったく意味がありません。

データが可視化され、自分たちの課題は何なのかが明確になることで、打ち手の精度が上がり、結果として生産性があります。

このように、企業にとってデジタル活用は必須の対応です。しかし、それがまだまだ行き届いていません。これらの問題解決が我々の使命でもあると思います。

デジタルマーケティングで顧客と仲間を集める

段階に合わせてデジタル施策を進める

マーケティングカンパニーでは、まずマーケティングコンサルサービスを提供しています。マーケティング戦略の立案と整理整頓。場合によってはアンケート調査などを行って、「本当に企業が進むべき道はこちらでいいのか」というところを、丁寧に時間をかけて設計します。

そこから、そのターゲットに届くクリエイティブをつくろうとなれば、ランディングページやホームページ、動画、バナーなどを作成します。さらに、広告をやることになれば、ディスプレイ広告や検索連動型広告、フィード型広告の代行、SEO（Search Engine Optimization：検索エンジン最適化）の対策支援などを行います。

こうした施策を続けていくと、その企業にとってのコアな顧客にはある程度リーチすることができて、伸びが鈍化していきます。そこで2つのアプローチをお客様に提案することがあります。

1つ目はブランディング支援です。企業や商品の世界観や想いをPRして、より市場を拡大していくアプローチです。もう1つはSNSの公式アカウント代行です。LINEやInstagramなどのSNSを運用支援して、ファンを広げていきます。

また、EC事業者に限りますが、Amazonでの販売サポートもしています。我々は、EC事業者に対しては、基本的にまず自社ECの支援を最優先に考えます。そこで一定の広がりが見えたタイミングで、販路を広げるためにECモールの支援サービスを行います。

ECモールの中でもなぜAmazonなのかと言えば、世界へと展開しやすいからです。Yahoo!や楽天の場合、どうしても展開が国内に留まってしまいます。中小企業としてはマーケットサイズが肝なので、将来的に世界に行けるAmazonにフォーカスしてサービスを展開しています。

デジタル広告に対する勘違い

デジタルマーケティングの分野で言えば、我々のクライアントには2パターンあります。まず、すでにデジタル広告を打っている企業が約7割です。こうした企業は、「何となく広告を回しているけど、効果が出ない」という課題感を抱いています。一方で、「広告戦略を見直さないと」という意識を持っているとは限りません。または、そう思っていてもやり方がわからないということで、ご相談をいただきます。

残りの3割は、起業したり事業を立ち上げたりするときに広告戦略を始めるパターンです。「広告をやろうとは思うけれど、駅看板や新聞に広告を出しても効果は低いというから、デジタル広告をやってみよう」といったニーズです。

ただ、広告を打とうにも、その土台が出来上がってないこともあります。たとえば、広告の受け皿になるランディングページの導線がわかりにくい。何回もクリックしないと目的のページに辿り着かない、あるいは決算システムとの連動がスムーズではないなど、要因を挙げるとキリがありません。

外注業者に具体的な解決策を提示されずにつくられて、結果、非常に使い勝手の悪いものになっているという話もよく聞きます。その後のデータ分析のためのシステムも整っておらず、広告を打ったのはいいけれど、どれぐらいのリターンがあったのかがわからない状態になってしまうという悪循環に陥ります。どれだけ掬って水を入れても漏れていくバケツに穴が開いている状態です。

さらに言えば、インターネット上では勝算が低い商品なのに、広告を打とうとするケースもあります。

商品によっては、対面で販売すれば売れるけれど、インターネットではまったく売れないというものもあります。リアルのお店では自分たちが売りたい商品を見せることができますが、インターネットは直接消費者が評価して比較検討されることが前提のマーケットです。売る側ではなく、お客様主導だという本質を捉えないまま、「店舗で売れているから、ネットでも売れるだろう」と考える企業は非常に多いと言えます。

中長期的視点で企業が伝えるべきこと

広告をどのように打てばいいのかは、ある程度公式として考えることができますし、そのためのツールも揃っています。ただ、企業が広告を打つときに大切なのは、自分たちのストーリーをどれだけ伝えられるかです。

単純に「自分たちは○○を売っています」と伝えたところで、そこにはたくさんの競合がいます。「選ぶのはお客様である」という視点に立てば、どれだけ共感されるか、応援されるかが大事になります。

だからこそ、「買ってください！」「安いですよ！」というアプローチでは不十分です。究極的には安さで勝負するというやり方もありますが、値付けが低ければ経営は安定しません。足元はいいのかもしれませんが、長い目で見たときには本質的なアプローチではありません。

こうした方向性が強く出ている例として、最近、ＳＮＳで詐欺まがいの広告が出てきます。「〇〇でシミがぽろっと取れた」といったような表現がありますが、実態は怪しい。この市場は現在急拡大している段階で、規制も追いついていません。そこの隙間を狙って薬機法を違反しているようなものも見かけます。

中長期的に考えれば、自分たちの想いをしっかり発信して、そこに共感してもらえるお客様を増やしていくことが大事です。これからの成長を目指す中小企業こそ、そういったところにしっかりと腰を据えて対応していくことが重要です。

同じ志を持つ応援団を集めるために

広告で伝えるべき企業のストーリーとは、どんなものか。これは企業それぞれにありますが、大切なのは、商品やサービスの紹介に、自分たちの想いを乗せることです。

どんな企業も、社会の問題を解決するために活動しています。それをピン立てして表現することで、お客様は集まります。「〇〇のために事業を行う」と言い切る。ほかの商品と比べたメリットや機能を語るより、そのほうがわかりやすく、買おうという気持ちを引き出すことができます。

また、自分たちと同じ志を持つ仲間を集めるためにも、ストーリーの発信が必要です。

いまは、1つの会社ですべてをやり切る時代ではありません。それぞれの強みを合わせて、大きなうねりをつくっていく。自社の社員だけで解決しにいくのではなく、「こういう事業をやりたい」「こういう悩みを解決したい」「こういう世界をつくりたい」という想いを同じにする「応援団」が必要です。

応援団をつくるにはまずは自分たちが磁石にならないといけません。「自分たちは何部のキャプテンなんだ」と示すことが、企業にも個人にも、大事になってきています。

自分たちのことばかり守ることを考えていれば、どんどん視野が狭くなってしまいます。社会問題にピン立てすることで、お客様も仲間も集まってくる。これが、いまパーパス経営が注目されている背景です。

年齢層が上の人たちの中には、そうしたメッセージに対して「青臭い」「綺麗事だ」と思う人もいるかもしれませんが、これから若い人が活躍する時代になれば、考え方も変わっていくでしょう。自分たちで直接消費者にアプローチするのではなく、ビジネスに懸ける想いを伝える。それが何よりも大事な情報発信になっていきます。

DXで経営のスタートラインをつくる

企業が持つデータ周りの3つの課題

前項では、デジタルマーケティングについてお話ししましたが、企業が顕在的に持つニーズという点で言えば、データ周りの整備と整理整頓のほうが、圧倒的に大きくなっています。

デジタル広告の必要性を実感しづらくても、会社で従業員が残業したり休日にも働いていたりすれば、おのずと「DX」という言葉を意識するようになります。新聞でもニュースでも毎日のように「DXによって効率化」と目にする。そのぶん、課題感を感じやすいのでしょう。
「作業効果を良くしたい」「生産性を高めたい」というように、取り組む理由がシンプルです。根本的な自分たちの課題を整理してほしい、可視化してほしいというソリューション型に、ニーズが移り変わってきていると感じています。

地方企業におけるＤＸの課題は、大きく２つです。

１つは、さまざまな情報がデジタル化できておらず、自分たちがどんなデータを持っているのかわからないという点です。データで考えることができないので、自社にとって何がボトルネックになっているのかも、どんなところがうまくいっている理由なのかもわかりません。

２つ目は、各部署が縦割りで事業を行っているケースが多く、情報が分断化されていることです。たとえば会社全体では広告に大きく投資をしているにもかかわらず、費用対効果が見えにくくなっているといった例です。

企業活動において、何かを始めるための最初のステップが、データを信じるということです。すべて可視化して、データをベースに経営をしていくことがいかに大事かを感じてもらうことが、私たちの責務です。

マーケティングからセールスをすべて視覚化

ここでは、田中学習会という学習塾の事例を通して、データ統合の重要性をお話しします。

同社の課題は、顧客情報のデータ化ができていないことでした。マーケティングからセールス領域の各データがすべて分断されており、たとえば体験入学から入会までの引き上げ率の情報などが不明確。費用対効果がわからないので施策を設計できないし、データを統合する作業そのものもない。知識もなく、手を動かせる人材もリソースも足りていない状態でした。

具体的なアプローチとしては、まず「認知→ウェブサイト→対談→入会」というフローにＣＲＭを導入して、問い合わせから入会までの顧客情報を管理しました。問い合わせの数、体験に進んだ割合、入学率、継続率といった重要ＫＰＩ（Key Performance Indicator：重要業績評価指標）をしっかりと可視化して、マーケティング費の費用対効果を分析できるようにしました。

システムのＵＩ（User Interface：ユーザーインターフェース）もシンプルにしています。画面を見れば、うまくいっているのかそうではないのかが、一目でわかる。複雑に表示されたものだと、どこを見ていいかわからなくなって、結局見に行かなくなってしまいます。

さらには、営業担当がどういうトークをしているかなど、セールスフローも併せて可視化しました。そうすることで、ボトルネックやうまくいっている部分がわかるようになります。たとえば体験入学から入学までの割合が低くなっているという情報があると、「そのトークに問題があるか？」「その資料なのか」といったことまですべてデータに出てきます。こうして再現性の高い営業プロセスを構築できるようになりました。

データと「フィジカル」の両面から考える

ここではデータ統合の重要性についてお話ししましたが、当然ながらデータ偏重もよくありません。数字では表せない、理念やビジョンといった「フィジカル」な部分も重要です。データとフィジカルのどちらかに偏るということではなくて、両方をもとにして、施策を打つことが大事です。

我々のクライアントに、北海道に本社を置くコンタクトレンズの小売業者があります。その企業は、当初の予算は数10万円ほどでしたが、現在は10倍以上まで投資するほどに成長しています。２０１４年に取引をスタートしたとき、この企業は楽天やYahoo!などに店舗を展開していました。コンタクトレンズのネット販売が解禁されたことで一気に伸び、次は自社ＥＣを強化しようというところで、お話をいただきました。

たくさん仕入れてたくさん売るモデルで、価格優位性が非常に高いのが特徴でした。コンタクトは日常的に使うもので、なくなると困ります。即時性が求められると考えて、検索連動型広告を展開しました。相性が非常に良く、一気に売上が伸びていきました。

ただ、小売というモデルはメーカーからの仕入値に売価が左右されます。この企業もある時期に原価が高騰し、コスト優位性で勝負していたところから、利益が出づらくなりました。それに、いつまで経っても「コスト、コスト」と追い求める姿勢に、自分たちでも疑問を持つようになっていたそうです。

そうして利益率の向上と経営の安定化を目指して、プライベートブランドの開発を行いました。そのプライベートブランドを広げるためにデジタル広告やテレビCMで全国に展開したところ、どんどん売上が上がりました。いまでは売上の大部分をプライベートブランドが占めており、経営としてはかなり安定してきたと言えます。

そこからさらに次の一手を打とうと、経営陣は社内から新規事業のアイデアを集めました。すると「海産物を売りましょう」「旅行事業をやりましょう」といった、本業に関係のない事業ばかり出てきました。

そのときに経営陣は「これは社員のリテラシーの問題ではなく、自分たちの会社に背骨がないからだ。自分たちは何者かがよくわからないから、方向性が定まらないのだ」と考えたそうです。

この会社は1代で急成長したことで、自分たちの理念をつくることが後回しになっていました。そこで、自分たちは何者なのかを考え、社会との接続ポイントを探し、1年でミッション・ビジョン・バリューを策定します。施策、採用、広告、投資、すべてその理念を基準に意思決定するようにすることで、社員のＥＳ（Employee Satisfaction：従業員満足度）はみるみるうちに高まって、いまは地元で非常に有名な企業になっています。

デジタル広告について前述した中で、ストーリーについて発信することが大切だとお伝えしました。デジタルマーケティング、データ統合という分脈では、理念やビジョンといった「なぜこのビジネスをするのか」といったことが隠れがちです。

再生できる企業の最大の条件は、広告でもデータでもなく、経営者に「この会社を伸ばす」という明確な意思や、言語化された理念があることです。これが企業にとっての求心力、磁石になります。

成長意欲はある、社員を幸せにしてあげたい、多くの人に商品を届けたい。そうした想いはあるけれど、同時にさまざまな課題がある。そうした企業には、勇気を持って、「自分たちが「こうありたい」ということを発信してほしいと思います。

そして、そこに集まってくる会社を信じてほしい。同じ志を持っている人たちと一緒に仕事をすれば、必ずうまくいきます。

第5章

インタビュー

自分の好きな地域で働き、日本全国に貢献するために

カズマ玉川宣之×ソウルドアウト北川共史

玉川宣之（たまかわ・のりゆき）

株式会社カズマ執行役員。２００５年にコンタクトレンズ販売を手掛ける同社に入社し、２００６年にＥＣ事業部を立ち上げる。コンタクト事業部、ＥＣ事業部マネージャー、ＥＣ事業部本部長を歴任し、２０２１年に現職に就任。

同社はコンタクトレンズのプライベートブランド「ＣＲＥＯ」の製造・販売などで規模を広げ、北海道発のコンタクトメーカーとして知られる。ＥＣモール、自社ＥＣでの展開を強化しており、楽天ショップ・オブ・ザ・イヤーを２０１０年から現在までに通算で７度受賞している。

札幌発のコンタクトレンズ通販サイトができるまで

北川：カズマは、コンタクトレンズの実店舗販売を事業として、札幌で始まった会社だそうですね。

玉川：はい。設立が２００２年です。当時の札幌はコンタクトレンズの市場がまだまだ発展途上で、弊社のオーナーが「ここなら勝負できる」と踏んで立ち上げました。初期はいわゆるナショナルメーカーのレンズだけを取り扱っていたのですが、現在は「ＣＲＥＯ」と「ＵＲＵＲＵ」というプライベートブランドのレンズをはじめ、眼鏡やサプリメントなども販売しています。

北川：現在はＥＣでの売上が大きくなっていますよね。玉川さんが入社後、ＥＣ事業部をつくられたと思うのですが、なぜ入社しようと考えたのですか。

玉川：カズマの店舗の看板に「アットコンタクト」と屋号が出ていたのを見て興味

を持ったんです。インターネットがまだそれほど普及してなかった時代に「@（アットマーク）」という、ネットを象徴するデザインを掲げていて、いったいどんな会社なのかと興味を持ちました。

オーナーにお話を聞くと、当時から将来ウェブが人々の生活に深く入り込んでくるだろうと予測していて、ウェブに対応できる人材を欲しがっていました。それが入社のきっかけですね。とはいえ、その頃はまだ具体的にネットで何ができるのかわからず、会社としても模索中でした。僕も最初は自分が何をすれば会社に貢献できるのかつかめていない状況で、ホームページのリニューアルなどを担当していました。

北川：そこから、どんな流れで現在のようなEC事業を展開していったのでしょうか。

玉川：しばらくコンタクトレンズのマーケットをリサーチしていると、当時のユーザーたちは、「コンタクトレンズは、ネット通販では買えない」と思い込んでいることがわかってきました。コンタクトレンズは高度管理医療機器で、対面でなければいけないと考えるわけですね。でも、関連の法律などを調べてみると、コンタクトレンズを通販で売ることに医療的な問題もなければ、特別な制約もなかったんです。

当時、同業で通販をしている会社は数社で、しかも小規模。それで、「自分が貢献できるのはここだ」と、２００６年にＥＣ事業の展開に踏み切りました。

北川：コンタクトレンズのＥＣ事業自体が、ブルーオーシャンだったのですね。その後ＣＲＥＯの製造・販売を始められるわけですが、当時市場では、他社もコンタクトのプライベートブランドを展開されていたのでしょうか。

玉川：一部、眼鏡のリーディングカンパニーのような、事業規模が大きな企業が扱っていましたが、僕らのような当時の規模感の企業では、ほとんどいなかったと記憶しています。

北川：製造業者が販売に進出することはあっても、小売業者が製造販売に関与するというのは、特に珍しいのではないかと思います。どういう経緯でプライベートブランドが立ち上がったんでしょう？

玉川：背景にあったのは、違和感ですね。

北川：違和感。それは具体的にはどんなことでしょうか。

玉川：ナショナルメーカーの製品を販売するうえでは、毎年取引条件が変わってしまいます。頑張って売上を伸ばしても、自分たちのコントロールできないところで、会社の業績が左右されるわけです。売上が読めないと、将来に向けた投資計画もつくれません。

それに、やはり誰でも頑張れば頑張っただけ報われたいですよね。高いパフォーマンスを上げても評価されるかどうかが不透明で、取引条件をメーカーに決められてしまう状態では、社員のモチベーションが上がりません。

何より、メーカー都合で価格が変わってしまうようでは、ユーザーさんに安心して使っていただくことができないという不満もありました。

北川：なるほど。大手メーカーの製品を売るうえでは、そのような側面もあるのですね。

玉川：ええ。それで自分たちで良い製品をつくって、ユーザーさんに届けられないかと思っていたんですね。当時スーパーやコンビニもプライベートブランドを売り出し始めた頃で、僕たちも同じように勝負できないかと考えました。幸運にもさまざまなご縁が重なり、台湾のコンタクトレンズメーカーとコネクションがつくれたことや、先発メーカーのパテント（特許）などが切れる時期が重なったこともあって、製品化することができたんです。

デジタルマーケティングを駆使した自社ECの構築

北川：良い波に乗れたんですね。弊社の札幌支店に、ECサイトのサポートについてご相談があったのは、CREOが発売された後、2014年のことでした。それまで、楽天やYahoo!などの大手ECモールで順調に売上を伸ばしてこられたカズマが弊社にご相談くださったのは、どういった経緯からでしょう？

玉川：EC事業部を立ち上げてからそれなりに成長していたのですが、だんだんとコンタクトレンズ通販に進出する会社が増えてきて、特にECモールは価格競争に陥りやすい側面があり、限界を感じていましたし、最初に目指していたウェブ本来のポテンシャルを活かしたビジネスからは、遠く離れてしまったという気持ちがあったんです。

北川：ECモールは参入もしやすいですが、差別化が難しいですよね。

玉川：そうですね。オウンドメディアや自社ECにリソースを割かなくてはいけないという自覚はあったのですが、なかなか自社内でそこまで手が回りません。たとえばECモールでの広告と自社ECを伸ばす広告では打ち方がまるで違うのに、そのリテラシーもありませんでした。そうしたとき、知人に「デジタル広告に強い企業があるから、会ってみませんか?」とご紹介いただいたのが、御社にご相談させていただいたきっかけです。

北川：ご紹介いただき、お伺いしようとしたところ、当時の弊社の札幌支社からカズマまで、徒歩30秒というご近所だったのもご縁を感じました。

玉川：僕たちは、ウェブについてもずっと内製でやってきていました。自社ECを伸ばすやり方が、本当にわかっていなかったんですよね。

北川：まずいろいろとお伺いし、検索エンジン周りの整備を徹底的にやらせていただきましたね。コンタクトレンズは、ユーザーにとって生活必需品です。特にワンデーのレンズは、なくなりそうだと思ったらすぐにでも欲しいですよね。そうなると、やはり、顕在的なニーズをとらえることが重要です。日本中どこからでも、「コンタクトレンズ」で検索したら御社のECサイトが目に入るように設計しました。

そこから、見た人がカズマのお客様になってくださるような仕組みづくりに移りました。いまで言うディスプレイ広告、当時のバナー広告ですね。またサイト内での購入までに至るユーザー導線など、細かくチューニングして、ユーザーの取り込みを行いました。

玉川：あらゆる面でご協力いただいて、本当に助かりました。

北川：ご依頼自体がとても嬉しく、やり甲斐を感じて仕事をさせていただきました。コンタクトレンズという商品はずっと使い続けるものですから、顧客データの分析が欠かせません。モールだと顧客データがとれないし、お客様とのコミュニケーションの質を上げられませんが、自社ECではできることが圧倒的に増える。自社ECサイトの運用をご依頼いただいたときには、「待ってました」という気持ちでした。

玉川：もちろん、運用面でのマネジメントもありがたかったんですが、何より、最新の技術動向を教えていただけるのがすごく助かっていました。当時はまだ中央と地方とでウェブに関する技術的格差がかなりあったんですよね。僕も、できるだけ東京に出向いて最新の情報をキャッチアップするように心掛けてはいたんですが、多忙なこともあって、全然追いついていませんでした。ソウルドアウトがさまざまな情報をご提供してくださり、常に僕たちの選択肢が広がるような状況をつくってくださった。そこがとても頼もしかったです。

北川：カズマは、札幌を拠点にしながら全国のユーザーに届けようというやる気がみなぎっていたので、その事業展開に伴走できるのが、とても嬉しかったんです。弊社の「中小・ベンチャー企業が咲き誇る国へ。」というミッションステートメントを体現するにあたり、カズマのご依頼はとてもやり甲斐を感じていました。

会社に太い背骨をつくる

玉川：弊社のミッションも、ソウルドアウトと一緒につくり上げていただきました。

北川：そうですね。「生きるをずっと、心地よく。100年間、やさしく、つよくいられますように。」というミッションになりました。ミッション策定に弊社が関わらせていただいたのは、どのような背景があったからでしょうか。

玉川：あの頃は、設立から10年以上経過して、会社としての岐路に立っている時期でした。まだ自分たちのことを、コンタクトレンズのディスカウンターとして認識していた頃ですね。社員数が増えて家族持ちの社員も多くなり、「この人たちに、この先も長く腰を据えて働いてもらうには、どうしたらいいのか。コンタクトレンズを売るだけでは、この先どんどん先細りになるだろう」と不安を感じていました。会社の指針というか、羅針盤みたいなものが必要なのではないかと感じていたんです。

でも、それで「何か新規事業をやろう」と言っても、「カニを売ろう」とか「道内のツアーを企画しよう」とか、本業とは何も関係のないアイデアが出てきてしまう。

北川：その話は、私も覚えています。会社に背骨が通ってないから、アイデアも分散していて1つにまとまらない。採用面接をしても、「この人、本当にうちに入りたいのかな？」という人が集まってくる。何かが違うな、と思われていたんですよね。

弊社は「自分たちは何者なのか」を明確に打ち出して、志に共感してもらえる会社づくりを、世に先駆けてやってきた自負があります。玉川さんも、そんな骨太な会社経営をしていきたいと言ってくださって、私はそれがすごく印象的でした。

玉川：それで早速チームを組んで、ミッション策定を進めていきました。オーナーと幹部と、全部署から会議の度にランダムに1名を選んで、意見を出し合っていきましたが、当時、私は会社のミッションはトップダウンでつくるものだと思っていました。最初にソウルドアウトから「メンバーを選出してチームで進める」と言われて、不思議な感じがしていました。後になってみればそれが良かったと思うことになるのですが、そのときは意図がよくわからなくて、「まあ、ボトムアップのやり方もあるのかな」くらいの認識でした。

北川：私は個人的に、あの場にオーナーがいてくださったのが、とても良かったと感じています。他社でも同様ですが、創業社長のオーナーというのは、ずば抜けた商才を持って1代で財を成す人が多いんです。その商才が突出していて、社員さんたちにはあまり理解されない。ご本人もあまり自分の感覚を言語化されないので、ますます伝わらなくて「あの人は天才だから真似できない」と片づけられてしまうんですよね。

玉川：そうですね。弊社の場合、オーナーもそうですが、僕も社歴が長くなっていて、普段あまり現場の社員と話すことがなくなっていたので、社員の生の声が聞けたのは大収穫だったと思っています。

北川：普段、社員さんたちがオーナーの指示で働きながらどう思っていたのか、といったことを語ると、オーナーが「自分の意図はこうだったんだ」と答えて、双方の想いがわかる。距離が近づいていく印象がありました。あれは、カズマの大きなターニングポイントになったんじゃないでしょうか。

玉川：おっしゃる通りですね。カズマをどういう会社にしたいのかを、幹部も社員も自由に話すことができました。いろいろな想いが出てきて、まとめるのが大変でしたが、ソウルドアウトに全員が納得できる形で、うまく言語化していただけたと思います。

北川：「１００年間」にコミットするというのは、すごいミッションだと思います。企業として、１００年以上事業を続けるという意思表明であり、簡単にできることではありません。

印象に残っているのは、みなさんの「正義感の強さ」です。社員さんやオーナーの話を聞いていると、ＣＲＥＯを立ち上げたときの動機が「お客様のため」なんですよね。「ナショナルメーカーの都合で価格が上がったり下がったりすることに、お客様を付き合わせるのは理不尽だ」「お客様の目のために正しいことをしたいんだ」という気持ちがすごく強かった。そこから、「お客様のための正義って何だろう」と考えて「結局それは、思いやりや愛ではないか」「そこには強さも必要だ」と展開していきました。

玉川： そうですね。それから、自分たちは地元の北海道が好きで、ここで仕事をすることに対する誇りもCREOのブランドイメージに入るといいな、と考えました。

北川： そうそう、北海道愛ですね。ミッションには、それらも含めてすべての想いが詰まっているように感じます。

コンタクトレンズを売ることは手段の1つに過ぎない

玉川： ミッション策定からしばらく経ち、社内でミッションを指針として考えることがかなり浸透している実感があります。幹部層から上がってくるプロジェクトに対しては、「ミッションから派生しているかどうか」というチェックを必ず行うんです。以前感じていた意識のずれがなくなったと実感しています。

それから、採用活動にもとても良い影響が出ています。入社してくる人たちの8~9割が、うちのコーポレートサイトに掲げたミッション・ビジョン・バリューに賛同して来てくれるようになりました。社員とオーナーでつくり上げ、大事に磨いてきたものなので、そのマインドが、新入社員にも受け継がれている感覚があります。

北川：それは良い効果ですね。最初からミッションに賛同できない人は、エントリーしてきませんよね。ミッションが良い意味でのふるいになっていますね。

玉川：ええ。僕自身の考え方としても、やはりミッションに沿った経営に寄ってきています。現代の社会でビジネスをしていると、どうしても「合理化」「効率化」に意識がいってしまいがちですが、働いている僕らもお客様も、結局1人の人間です。どれだけ心地良い社会を一緒につくっていけるか、もしくは、弊社がその心地良さを提供できるかというところがいちばん大事なんだと思うようになりました。

北川：それは大きな変化ですね。

玉川：以前はCSRなどの観点もあまりなかったのですが、「生きるをずっと、心地よく」というマインドが少しでも多くの人に届くように、積極的に社会と関わりを持つことを考えるようになりました。端的に言うと、「弊社にとって、コンタクトレンズの製造、販売は、私たちのつくり上げたい社会をつくるための手段の1つに過ぎない。ミッションが世の中に伝わるのであれば、コンタクトレンズ事業以外のことにもチャレンジする」という意識です。

北川：新しく始められたヘルス&ビューティー事業も、ミッションの中から生まれてきたものでしょうか。

玉川：そうですね。コンタクトレンズ事業が堅調に伸びているので、まだまだそちらにリソースを割かざるを得ませんが。ミッションを根幹にして、弊社のナレッジを活かして展開できるようなビジネスがないか、常にアンテナの角度を高く保って考えています。

自分たちの幸福度を上げ、地域に貢献する

北川：私たちがミッションの策定を支援させていただくときには、必ず、その会社と社会の接続ポイントはどこかを考えます。これまで伴走させていただいた会社では、その会社の製品から社会との接続ポイントを考えることが多かったんです。

でも、カズマの場合は、ミッションを考えるうえで、コンタクトレンズという製品をスタート地点に置いて考え始めてはいますが、叶えたい世界の実現のためにはコンタクトレンズという手段にこだわらなくてもいいという答えに辿り着いている。１段高い視座だと思います。そのことによって、社会の課題を「自分事としてとらえられる範囲」が広がったように見えます。

玉川：社会全体とまではいかなくても、地元である北海道のことは自分事だという意識

を全社員が持っている気がします。たとえば、新型コロナ禍で北海道の小中学校にマスクが足りなくなったとき、オーナーの意向もありマスクをつくって教育委員会に寄付しました。ミッションとビジネスがうまくリンクするような文化が、少しずつでき始めています。

北川：実は私も北海道の出身で、ソウルドアウトの札幌文社は、私が強い意志をもって立ち上げたんです。北海道はとても魅力的な場所ですよね。いまのカズマは規模も大きくなり、日本中のいろいろなところから「北海道で働きたい」という人が集まっているのではないですか？

玉川：そうですね。設立当初は地元北海道の人間だけの会社でしたが、いまは、その割合がちょっとずつ減っていますね。おっしゃる通り、全国、いろんなところからやってきてくれています。

北海道の中でも札幌は、住みたい街として全国的にもランキングが高いですし、僕自身、札幌以外で暮らしたこともありますが、やはり食材の美味しさや趣味でもあるアウトドア体験の豊かさでは、札幌に代わる場所はありませんでした。社内の人間はみんなアウトドア好きで、札幌や北海道に魅力を感じていて、その点で結束している感覚はあります。

北川：ソウルドアウトも、地元愛が強い人たちが多く入社しています。日本には自分の住んでいる地域を大事にするという文化があると感じます。私も許されるのであれば北海道に帰って、ずっと地元で仕事をしていたいと思うくらいです。

ただ、地域に対する想いは、地元に限らないのかなとも思います。弊社の札幌支社に配属になったある社員は、別の地域の出身で、ゆくゆくは地元に帰りたがっていたんです。でも、一度北海道を体験しておきたいからと札幌支社に行ったら、北海道の虜になって移住を決めました。

玉川：北海道民としては嬉しいですね。

北川：移住となれば、その自治体に住民税を収めるわけですから、地域貢献に直接つながります。好きなところで働くだけで地域貢献になるというのは、素晴らしいことですよね。地元にしろ、大人になってから住んだところにしろ、自分の好きな土地で働けるというのは、人の幸福度を上げるものなのだと思います。オンライン環境が整いどこでも働けるいま、何が何でも東京へという、中央志向はどんどんなくなっていくと考えています。

玉川：本当にそうなんです。カズマの社員たちも同じように北海道が大好きで、ここから離れたくない人間ばかりです。北海道の課題に胸を痛めることができるんですよね。だからこそ、そこがネックになって、北海道外への転勤は嫌がられます。

北川さんのおっしゃるように、いまはどこにいてもオンラインで仕事はできますが、さすがにロジスティクスだけは、基盤となる人材がいないとどうにもなりません。たとえばこれから拠点を全国展開しようと思ったら、いまの千葉の倉庫だけでは足りなくなるとわかっているので、人をどうするかは悩ましいところです。

無理に本社の社員を転勤させることは、やはりできません。新しい拠点をつくるときには、ローンチまでの数カ月の間だけ出張してもらって、あとは地元で採用した人たちにお任せするというのが、お互いのウェルビーイングのために良いのでしょうね。

北川：私は、人が働くのには3つの要素があると思っているんです。1つ目は個の成長実感、2つ目が報酬、そして最後が仲間意識。特に、地方で働く人たちの満足度を上げる要素としては、仲間意識というのは非常に重要だと感じています。

地方に行くと、社内と同じくらい社外のコミュニティの一体感が強いですよね。弊社の地方拠点でも、その地域コミュニティに参加して「みんなでこの地域のマーケットを盛り上げていくぞ」と仲間に入れてもらうようなイメージで、そこではすごく強い絆が生まれます。そこから東京に戻ってくるように言うと、嫌がる社員もいるくらいです。地方ならではの強固な仲間意識が生まれているのだと思います。

玉川：お取引している企業さんのお話を伺っても、転勤があることを前提に入社したのに、いざ転勤を命じられると退職してしまうケースが多いと聞いています。これだけ幸せの価値観が多様化している時代ですから、会社としても、何が社員の幸せなのかをきちんとヒアリングして、要望に沿えるような経営をしていかないといけないのだなと感じています。

北川：おっしゃる通りですね。ミッション・ビジョン・バリューなどで、仕事に対するやり甲斐を持つ。それに、自分が好きな土地で暮らすことで得られる喜びもある。これからは、この両面が大事なのかもしれません。

玉川：ビジネスを通して叶えたい事柄も、地域に貢献したいという気持ちも、無意識にリンクしている感覚はあります。幸せが「好き」に囲まれた状態を指すのだとすると、愛着のある土地で、大好きな仲間と、楽しく働けることは、幸せを叶える要素として強く結びついているのではないでしょうか。

僕たちは、会社のミッションとしてだけではなく、自分の手の届く範囲はすべて心地良くあってほしいと思っています。そうでないと自分が心地良くないからです。極端な話をすると、「道内なら手が届く、道内は自分たちの居場所だ」と思っています。「北海道内の困り事は僕らが解決するんだ」と乗り出す企業に育ちつつあるんです。コロナ禍でのマスク寄付は、そういうことですね。

北川：なるほど。日本中の各地域に、カズマさんのような地元愛あふれる会社があって、地域の課題を自分事として一緒に解決しようという姿勢でいれば、日本全体が良くなっていきますよね。中央に頼らず、自分たちで解決できる体力を地域が持つために、まずは地域を愛する会社をつくることが大事なんだと実感できました。地域の中小企業を応援するソウルドアウトの存在意義を、改めて教えていただいた気がします。本日は、ありがとうございました。

玉川：こちらこそ、ありがとうございました。

第6章

人の行動を変える「プレスリリース」

口下手という誤解

自社に関心を持ってくれる人は少ない

多くの人がＰＲを活用できる状態を目指して、私たちは地方へも足を運んでいます。そこで企業の方に話を聞くと、よく言われることがあります。

「私たちも、良いものを売っているんです。ただＰＲが下手で……」

確かに、地方の商品やサービスに「良いもの」があることは間違いありません。しかし、ＰＲは本来、東京でも地方でも、大企業でも中小企業でも個人でも、誰でもやればできるものです。

私の地元、愛知県の豊橋市では胡蝶蘭が有名です。胡蝶蘭は愛知県が出荷額の1位で、その50%程度を豊橋が占めており、豊橋の人なら必ずそのことを知っています。そして、豊橋が胡蝶蘭で有名であることを知らないほかの地域の人に対して、「なぜ1位だと知らないのですか?」と言います。

一方で、豊橋の人たちに「浜松市が生産量1位の花は何だと思いますか?」と聞くと、「知らない」と答えます。自分たちも隣の市にそこまで関心を持っていないわけです。胡蝶蘭でいちばんになるのは素晴らしいことですが、その結果に対して誰もが関心を持つわけではないということが、豊橋の人には見えていません。

PRに悩む企業も、自分たちの「良いもの」に関心を持つ人が少ないということをわかっていない。それを「PRが下手」という一言でまとめてしまっています。そうした言葉を聞くと、「良いものなのはわかりますが、それを伝えているだけでは、人は興味を持たないですよ。だから、行動しましょう」「大切な人たちのことを考えて、その人たちの求めていることを想像しながら発信しましょう」と伝えています。

「紅葉」で差別化するにはどうすればいいか

前述の話をするときによく出す例が、米・テネシー州観光局のPRについてです。テネシー州は紅葉の景観を観光客誘致のきっかけにしたいと考えていましたが、紅葉が美しい観光地はほかにも無数にあります。近所の散歩道でも、十分楽しめるでしょう。だから「うちの地域の紅葉が素晴らしい」とアピールしても、あまり響かない。紅葉に優劣はつけづらいからです。

そこで同州の観光局は、州内にある紅葉で有名な場所に赤緑の色覚異常を軽減する望遠鏡を設置し、色覚異常の人々が紅葉本来の色を見て感情を露わにする様子を撮影しました。見た目は平凡な望遠鏡です。これが好評で、多くのメディアでも取り上げられ、そのエリアにあるホテルの収入は前年より9・5%アップしたそうです。

全米で色覚異常の人は1300万人ぐらいだと言われ、日本でも相当数いるでしょう。そうした人の中には、紅葉を見に行っても楽しめない人もいるかもしれません。友人や家族と一緒に行って、同じ感動を共有できず気まずい思いをした人もいるはずです。

色覚異常であれば、度合いにもよりますが、日常で困ることもあるでしょう。「紅葉を楽しみたい」という願望は、そもそも諦めてしまっているニーズかもしれません。口に出さないけれど潜在的に求めているものは、いろいろあると思います。そこに応えるアクションをしたことで、ほかにはない価値を提供できたわけです。

人材の差は埋まり始めている

商品やサービスの良さそのものを訴えるよりも、テネシー州の例のように、人が持つ潜在的なニーズに応えることが大切なのではないでしょうか。もちろん、そのようなことを考えられる人材が少ないという課題はあると思います。しかし、人材の能力の差も埋まり始めています。

たとえば、TikTokで有名な日本の発信者は、必ずしも東京で生まれているわけではありません。TikTokはまだＳＮＳとして初期の段階ですから、ノウハウとしてはすべての人がイーブンな状態です。会社の従業員だった人が、TikTokで多くのフォロワーを集めることもあります。それをきっかけにして動画クリエイターと名乗って仕事をすることさえあります。必ずしも、地域や人の能力の差ではないのです。

ＰＲのポテンシャルは、誰にでも、どの企業にもある。それをどのように見極め、発信できるかです。

人に求められる情報とは何か

プレスリリースの原点となった列車事故

ＰＲ ＴＩＭＥＳの前身は、キジネタコムという会社です。企業とメディアをつなぐことを目的に、「メディアが記事のネタを探せるサービス」を始めたけれど、思うように利用されず、ほどなく停止。その会社を商号変更して立ち上げたのが、ＰＲ ＴＩＭＥＳです。

従来、プレスリリースはお金のかかるものでした。パソコンで書いて印刷して、手渡しするのにも移動費がかかる。郵送するのも、ファックスでもお金がかかります。そんな中、メールが普及するようになります。ＢＣＣにメールアドレスを入れれば、無料でたくさんの人に情報を送ることができる。プレスリリースに限らず多くの企業がメールをどんどん送るようになって、「スパムメール」という言葉が生まれました。悪質なメールとともにプレスリリースもスパムメールに分類されるようになり、嫌われる対象になってしまったという歴史があります。

キジネタコムは「プレスリリースは使えない」という風潮の中で、「本当に記事のネタになるサービスを」と思って生まれた会社です。しかし実際には情報を投稿する人もいなければ、見にくる人もいない。そんな状態でした。

この会社の再建を考えたとき、プレスリリースの原点を調べたことがあります。

鉄道が一大産業だった時代、事故が起きても鉄道会社は隠蔽していました。もちろん、世間からは疑心暗鬼の声が挙がります。そうした中、ペンシルバニア鉄道は自らの費用で、新聞記者たちを事故現場まで運び、ありのままの記事を書かせました。

これが史上初めてのプレスリリースであり、『The New York Times』にも原文で転載されました。他方、別の鉄道会社はその後も事故を隠し続けて評判を落とし、ペンシルバニア鉄道の対応が一層称賛されるようになります。

これを見て、プレスリリースとは「宣伝」ではなく、世の中の人が知りたい情報を自己開示することなのだと気づきました。

プレスリリースの原点に返って、本来の価値を再発見し、プレスリリースのあり方を見直そう。企業とメディアをつなぐだけでなく、その先にいる生活者に届けるサービスをつくろうと考えました。

ただただ、お客様に恵まれた

企業とメディアをつなぐ役割を果たせるようになったのは、PR TIMESとしてプレスリリースを取り扱うようになってからです。現在、PR TIMESは世界でいちばん見られているプレスリリースサービスで、世界で最も売上の大きい「PR Newswire」の5倍以上（2023年11月時点での直近6カ月の訪問者数の比較。「SimilarWeb」での分析）です。日本のニュースメディアのカテゴリーでも、トップ20に入ります。

PR TIMESが広く使われている理由は、多くの人が集まり、多くの人が有益な情報を発信しているからという点に尽きます。「どんな機能が良かったのか」「どんな打ち出し方が効果的だったのか」とよく聞かれますが、わかりやすい答えはありません。ただただ、お客様に恵まれたのです。

簡単にたとえると、TikTokのすごさは、みんなが動画を撮って、みんながそれを見ていること。Instagramでみんなが画像を投稿するのも、Xでみんながポストするのも、投稿する人がたくさんいて、見る人が集まってくるという構図です。これらのSNSも、ユーザーに恵まれなければ伸びなかったでしょう。

PR TIMESは、従来のプレスリリースの役割と常識を覆すことを成し遂げていると自負しています。それが「多くの人が発信する、だから多くの人が見る」、というネットワーク効果につながっているのでしょう。

なぜ新聞に資金調達の情報が掲載されるのか

現在、水曜に発行される日経新聞にはスタートアップ欄があり、そこでは資金調達の情報も掲載されています。その情報元になっているものの多くは、各企業が出すプレスリリースです。

ＰＲ ＴＩＭＥＳを立ち上げた当時、資金調達に関する情報をプレスリリースとして出す企業はほとんどありませんでした。それがいまは多くの企業が発表するようになり、日経新聞が新しい欄をつくってまで取り上げるようになりました。

こうした変化は、プレスリリースの普及によって生まれています。しかしこれは一例にすぎず、ＰＲ ＴＩＭＥＳのシステムが整ったことで「〇〇ができるようになった」ということは言えません。

ある日突然、私たちが「これからは資金調達の情報を流していきましょう」と言いだしたわけではありません。たくさんの人が集まり、いろいろなプレスリリースが発信されて読まれる中に、資金調達の情報があった。それに対して興味を持つ人がいて、さらに多くのプレスリリースが発信されるようになりました。

それは作為的に生まれたことではありません。プレスリリースを出す人、受ける人の集まりの中で、自然と発生するものなのです。

ここでもＳＮＳを例にするならば、TikTokのユーザーがTikTokを使って何ができるようになったのかを言葉にするのは難しいでしょう。あるいはInstagramがあるから、Ｘがあるから生活はどうなったかを考えても、それらの存在しない世界線を生きているわけではなく、証明も難しいわけです。

ただ、なぜみんながＳＮＳを使うかと言えば、その人にとって生活が充実するからです。同様に、なぜ企業がプレスリリースを出すのかと言えば、企業活動にとって良い影響をもたらすことができるからです。それを具体的に言うのなら、マーケティング、ブランディング、リクルーティングに集約されるということでしょう。

PRとは双方向の対話

プレスリリースは「行動」を伝えるもの

PR TIMESのミッションは「行動者発の情報が、人の心を揺さぶる時代へ」です。この言葉にあるように、私たちは、「行動者」のために事業を行っています。行動者とは、平たく言えば「頑張って働いている人」のことです。

PR TIMESのプラットフォームを通して、人の行動や頑張りを伝える。新たな挑戦や修羅場をくぐり抜けた経験、ときには失敗。行動に裏打ちされた言葉からは、真実が届きます。

行動者は世界中にいて、これからも増えていきます。行動者発の情報が人の心を揺さぶり、次の行動者に勇気を与えるような、ポジティブなエネルギーの循環を生み出す。私たちはそんな行動者の役に立ちたい。そのために、当社の事業があると考えています。

ではどんな行動を伝えればいいのかと言えば、決まった答えはありません。「〇〇のプレスリリースを出せば問い合わせが増える」なんていうことは言えないのです。

企業がプレスリリースを通してどんな行動を伝えるべきかをあえて定義するとすれば、その企業活動のすべてです。そして、企業が発信した情報がどれだけ広く届くのかは、その人次第です。

ここで言う「その人」とは、情報の発信者と受け手、両方です。その組み合わせによって伝播するものもあれば、小さな範囲で届くこともあります。もちろん、小さな範囲に強く届くこともあるので、どれがいいという画一的なものは存在しません。

「広報」ではなく「広聴」から考える

PRとは、「社会の声に耳を傾けて、思いを馳せて、そのニーズに応えるような活動をして、その行動を伝えること」です。企業が一方的に発信するものではなく、双方向のやり取りです。

社会に向けて何を伝えるかを考えるときには、「広報」ではなく「広聴」を先に考えるべきです。

広聴とは、企業が顧客に対して耳を傾けることであり、イルカのエコーロケーションにもたとえられます。イルカは電波を発してそれが跳ね返ってくることで、自分の位置を知ります。ＰＲのためには、まず顧客がどんな活動を望んでいるかを考えて、行動したことを発信する。それに顧客がどのように反応するのかを観察して、またどんな活動を届けるべきかを考え、行動したことを発信する。この繰り返しです。

たとえば自己ＰＲのために、「私は〇〇が好きです。こんな人間です」と一方的に伝える。これはＰＲになっていません。相手の求めることを無視して、一方的に自分を良く見せようとしていれば、聞いている人は違和感を覚えるはずです。

企業活動でも同様で、ＰＲとはお互いの関係をより良く築くための対話です。相手が求めていることがどんなもので、それに対して「自分たちはこんなことをできます」と発信する。あるいは、「できないかもしれないけれど、頑張ってやってみます」「やってみました。みなさん、どうですか？」と伝えることで生まれる対話もあるでしょう。

そのことを前提に、目的がマーケティングであれば、対話を繰り返して売れる状態をつくることにつながります。リクルーティングであれば、潜在的な社員を採用できる会社をつくることになります。何を伝えるかの前に、顧客がどんな情報を欲しがっているかを考えるべきなのです。

PRの相談が来なくなる未来を

情報を受け取ってもらうためには、受け手が求めている情報を届けなければいけない。こう言葉にすると当然のようですが、多くの企業が気づきません。「伝えたい」という想いはいくらでも出てくるでしょうが、その前に「どう届ければ、どう送れば、受け止めてもらえるのか？」を先に考えることが重要です。

こうした考えが多くの企業に浸透し、私たちのところにPRに関するテクニカルな相談が来なくなることがいちばん良いことだと思っています。

Instagramのユーザーは Meta社の人に Instagramの活用方法について相談しないですよね。Meta社の社員よりもうまく Instagramを活用している人はたくさんいるでしょう。TikTokも同様です。それほど、世の中の人に使い込まれているインフラになっているわけです。

PR TIMESは、現時点でそうした状況をつくり出せていません。「PR TIMESの人だから、PRについて教えられるよね?」となっている段階では、まだまだです。

PR TIMESを利用して、私たちも想定していないような使い方をする人がどんどん出てほしい。そういう人から私たちが教わるようになるのが理想的です。

#「行動者発」の情報を世界へ

プレスリリースで働き甲斐が生まれる

ディズニー社CEO（Chief Executive Officer：最高経営責任者）のロバート・アイガーは、著書『ディズニーCEOが実践する10の原則』（関美和訳、早川書房）の中で、「『プレスリリースを使った経営』というものを意識するようになった」と述べ、次のように続けています。

「私の戦略への投資家の反応はすこぶる否定的だったが、私が現実を率直に語ったことで、ディズニーの社内では『トップがこれほど真剣に打ち込んでいるなら、自分たちも真剣にならなければ』とやる気になってくれる人が増えた。二〇一七年の発表もまた、同じように社内にいい影響を与えた。私が直接配信にどれほど打ち込んでいるかを社内のチームはわかっていたが、外向きの発表を聞き、特に投資家の反応を見ることで、全員に前に進む力とやる気が湧いてきた」

この考えにはとても共感します。企業の中で一緒に働く人は情報発信の主体であり、同時に情報を受け取る生活者でもあり、そこには友人や家族もいます。情報を伝えるということに対する奥行きを感じます。

近年、大企業は人材がある程度固定化されていますが、ベンチャーやスタートアップ含めて、中小企業は人の流動が激しくなっています。ただ、転職したからといって働き甲斐が向上するのかと言えば、数値上はそんなことはありません。米ギャラップ社が2023年6月に発表した2022年の「グローバル職場環境調査」によると、仕事への熱意や職場への愛着を示す社員の割合が、世界平均が23％である中で、日本は5％。調査した145カ国の中でイタリアと並び最も低くなっています（サンプル数が少なくデータがない国を除く）。

もし、働く環境に絶対的に良い場所と悪い場所があるのだとすれば、良い場所に移動することで多くのものを得ることができるはずです。しかし、現実的にはそうした決まった条件はないように思います。

働き甲斐向上のためには、自分が社会をつくっている、未来をつくっているという実感がカギを握ります。そこで、もしかしたらＰＲこそが働き甲斐につながるのではないかという仮説を思いつきました。

働く1人ひとりが社会の声に耳を傾けて、そのニーズのために行動する。その集合で未来がつくられます。そしてその舞台は、組織であるほうが有利です。社会を良くするための課題の粒は大きくなっています。異なる能力を持った人が集まって取り組まなければ、解決できません。

みんなで働いて、大きな課題に挑む。その行動と過程を都度発信して、反響を知ることから自らの貢献について実感を持つ。どこで働いていても自分の働きが社会の役に立っているという実感があれば、働き甲斐を得ることができます。ＰＲとは、そのための手段でもあるのではないかと感じます。

行動者を増やしていく

ＰＲ ＴＩＭＥＳでは、毎年4月1日に「April Dream」というプロジェクトを行っています。通常のプレスリリースでは結果を発表することがほとんどですが、このプロジェクトでは「叶えたい夢」を「ドリームリリース」として発信してもらいます。個人、企業問わず「こんな職業に就きたい」「こんな世界を実現したい」など、さまざまな夢が届けられます。

「自分はこうなりたい」と発信することで、発信者の行動は変わるかもしれません。口に出さなくても行動できる人もいますが、人それぞれに、行動できない事情も口にできない背景もさまざまです。

「できるかどうかわからないけれど、言ってみた。そうしたら実現できた」という人が増えれば、「自分も何か言ってみようかな」と思える人も増えるかもしれません。そうすると、そこで「じゃあ、やってみよう」と行動に移す人も増えるかもしれません。April Dreamが、そんな「エネルギーの核」のようなものになればいいなと考えています。

私たちは行動者のために活動しています。同時に、さまざまな取り組みを通して行動者を増やすことを目指しています。ＰＲがその人の行動を変える、企業活動を変えると信じています。

プレスリリースの対象は「すべての人」

地方に限らず、すべての人や企業に、行動した成果を発表し反響を得られるＰＲを広めたいと考えています。大企業も個人商店も、東京にある企業も北海道にある企業も、すべて対象です。この思想に地域の制限はなく、アメリカもヨーロッパも、全世界を含んでいます。それに、何かを達成したら終わりというものではありません。

これまでの日本の発展を考えると、「日本で働いている人たちが、日本以外で働いている人に認められる」というものをつくらない限り、この国の経済に貢献できているとは言えないと私は思っています。

ソニーや、ファーストリテイリングなど、日本を代表する企業は、次の世代につながる重要な資産を築いてきました。それらの企業がここまで発展したことで、どれだけ多くの企業が自分たちのポテンシャルを信じて、努力することができたでしょうか。そして、彼らがつくったものによって、人生が充実した人がどれだけいるでしょうか。

地方の中小企業の中にも、世界に通用するビジネスをしているところがたくさんあります。ＰＲ　ＴＩＭＥＳのサービスも世界で使われるようになって初めて貢献できた、と言えるでしょう。この点では、まだまだです。

InstagramやTikTokは、人の行動を変えました。これらのＳＮＳによって、見るだけではなく日常の行動習慣そのものが変わった、より充実した生活が送れるようになった、という人は多いでしょう。それと同じように、ＰＲによって企業活動や労働、働くという概念を大きく変えることができると思っています。

とはいえこの点でも、悔しいですが、ＰＲ　ＴＩＭＥＳはまだ多くの人の行動を変えるまでには至っていません。ビジネスを世界に広げるためにも、人の行動を変えるサービスにするためにも、１つずつ課題を解決していかなければいけないと考えています。

熱い想いをすべての人が届けられるように

私たちは、PRをインターネットやマーケティングのリテラシーが高い人たちだけのものにはしたくないと思っています。そこで、すべての人にPRの可能性を広げるための活動を行っています。その内の1つとして、PRを学び合うセミナーを各地域で行っています。

ただ、良いコンテンツはどうしても東京のほうがやりやすい。そこで、地域でもできるだけ同じ体験ができるような企画を考えました。地方の大きな会場を使って東京のコンテンツをオンラインで中継し、各地域では現地のゲスト登壇もお願いしています。

企業の方々には、PRリテラシーを持ったうえで、行動者としての想いを伝えてほしいと思います。

テレビの人気番組に、大手の飲食店やメーカーの人が一流職人に商品を評価されるものがあります。職人の物言いや「安価で大量につくる商品と職人がつくるものを比較すべきではない」という点で賛否はありますが、依然人気があるようです。

あの番組に出る人たちを見ていると、商品開発に懸ける熱い想いが伝わってきます。一方で、ＰＲ ＴＩＭＥＳで届けられるプレスリリースを見ると、そうした感情をまだ十分に表現し切れていないものが多いと感じます。

それは、情報の発信者に想いが足りないということではなく、プレスリリースという生態系が、まだそこに至っていないということです。行動者たちがこれほどまでに熱く頑張っている姿を、ＰＲ ＴＩＭＥＳで十分に届けられていない。これを覆すことができたら、この人たちの仕事をもっと充実させることができると思うのに、まだ叶えられていません。

大企業だけではなく、中小企業でも、地方企業でも、行動者は誰でも熱い想いを持っています。ただ、テレビの場合はどうしても大企業の舞台になりやすい。それがプレスリリースであれば、誰にでも機会をつくることができます。どこの地域でも同じく機会が得られるように、私たちのビジネスで架け橋をつくりたいと考えています。

第7章

インタビュー

顧客と一緒に幸せになる。人と人とのコミュニケーションがファンを生む

ヤッホーブルーイング井手直行×PR TIMES山口拓己

井手 直行（いで・なおゆき）

株式会社ヤッホーブルーイング代表取締役社長。1967年生まれ。ニックネームは「てんちょ」。国立久留米高専を卒業後、電気機器メーカー、広告代理店などを経て、1997年ヤッホーブルーイング創業時に営業担当として入社。

地ビールブーム終焉の後、再起をかけ2004年楽天市場店の店長としてネット通販事業を軸にV字回復を実現。2008年より現職。

フラッグシップ製品「よなよなエール」を筆頭に、個性的なブランディング、ファンとの交流にも力を入れ、クラフトビールメーカー国内約600社の中でシェアトップ。「ビールに味を！人生に幸せを！」ミッションに、新たなビール文化の創出を目指している。

著書に『ぷしゅ よなよなエールがお世話になります』（東洋経済新報社）など。

「ユーザー愛」がオリジナルな発想を生む

山口：まずは、ヤッホーブルーイングと、井手さんご自身の自己紹介からお願いします。

井手：はい。長野県でクラフトビールの製造・販売をしております、ヤッホーブルーイングの代表、井手と申します。社員やお客様からは「てんちょ」と呼ばれております。

うちは創業が1997年で、当時の日本では、ビールと言えば大手4社がつくる「ピルスナー」というラガービールがほとんどだったときに「エールビール」という種類のビールの製造、販売を始めました。製品としては、「よなよなエール」「インドの青鬼」「水曜日のネコ」「正気のサタン」などがあります。「ビールに味を!人生に幸せを!」をミッションに、クラフトビールでノーベル平和賞を狙っている会社です。

山口：ヤッホーブルーイングと言えば、熱狂的なファンがいるという印象で、外から見ていてもその熱を感じます。ご自身では、どう捉えていますか？

井手：ありがとうございます。うちの企業理念の1つに「究極の顧客志向」というものがありまして、ただお客様に喜んでもらうのではなく、究極の喜びを得ていただくことを目指しています。

お客様に「うちのビールを好きになってほしい」と思いますが、それ以上に、「私たちの大切なお客様に、もっともっと喜んでほしい」といつも考えています。そのために何をしたらいいか、社員一同が考え、行動し続けてきた結果生まれた関係性が、「熱狂的なファン」と表現していただいたものなのではないかと感じています。

山口：SNSなどで、御社が開催するイベントの様子を目にすることがありますが、どの写真もみんな笑顔で、ビールを心から楽しんでいるのが伝わってきます。

井手：うちは、ビールメーカーであると同時に、「ビールを中心としたエンターテイメント事業」を行う会社なんです。ただビールを売るのではなく、ビールを飲む時間に幸せや喜びを感じてほしいと思っています。そのために、お客様と一緒に盛り上がるファンイベントにも力を入れるし、日頃からどうやってサプライズを仕掛けようかと、そんなことばかり考えています。

山口：以前、PR TIMESで「隠れ節目祝い by よなよなエール」というサービスのプレスリリースを出していただきました。どこからこんな発想が生まれてくるのか、と驚きました。

井手：あれは、お客様のお問い合わせから生まれたんです。うちは、いろいろな味を楽しめるように、自分で好きなビールを組み合わせて注文できるサブスクリプションサービスをしています。あるとき、そのサブスク契約を辞めたいとお客様から連絡がありました。普通なら、「わかりました」と契約を停止して、やりとりを終えるところですよね。でも、何かこちらに不手際があったのならちゃんと謝りたいし、やむをえない事情があったとしても、できることはして差し上げたい。

それで「どうなさいましたか?」と聞いてみると、「妊娠してお酒が飲めなくなったから」ということだったんです。とてもおめでたいことですが、妊婦さんにビールでお祝いしましょうとは言えません。それで考えたのが「卒乳祝い」なんです。赤ちゃんが生まれて、母乳を卒業するときが来たら、そのときまた、よなよなエールでお祝いさせてください、と。

山口：なるほど。日頃からお客様とのコミュニケーションを大事にしているからこそ、生まれたアイデアなんですね。

井手：ええ。それで、卒乳以外にも、世間一般では祝われないけれど節目になっているイベントは多いのではないか、という話が社内で盛り上がりました。当社には子育て中の社員も多いので、「子どものイヤイヤ期が終わったときは本当に嬉しかった」「お弁当づくりが終わったときは寂しかったけれど、『自分、よくやったぞ』と思った」など、いろいろ出てくるわけですよ。それで、結婚式とか成人式とか還暦といったメジャーな節目ではなくて、世間的には特に祝い事とされていない隠れた節目をお祝いする、ということを考えつきました。

山口：あれは、コンセプトのアイデアもすごいと思いましたが、何より、プレスリリースの素材写真が細部までこだわられていて、記憶に残っています。「隠れ節目祝い」というのは、それまでの世の中にはなかった概念です。一般の人は聞いたこともないものだから、イメージしづらい。それを定着させようと思ったら、よほど具体的で、その景色まで想像できるようなビジュアルが必要になりますが、見事にそれをつくり込まれていて感動しました。プレスリリースの正攻法を知りたいという方も多いですが、そこには絶え間ない努力と、それを実現する行動、細部へのこだわりが積み重なっていまの状態があるのだと思います。

井手：ありがとうございます。これは社内のプロジェクトチームが聞いたらすごく喜ぶだろうから、伝えなくちゃいけませんね。

そうなんですよ。卒乳って、お母さんにとっては、それまで身を削って子どもに栄養を与えてきた、すごくしんどい作業から、ようやく解放される。だけどちょっと寂しさもある大事な節目です。でも、実際には、そうした節目が意識されることはあまりありません。お母さん1人でほっと一息ついたら、翌年にはそれがいつのことだったかも覚えてなかったりします。

けれど、卒乳のときにお父さんが「卒乳証書」を手渡して、一緒にビールで乾杯できたら、記録に残るし、子どもが成長した喜びを2人で感じられて、夫婦の絆も深まると思うんです。そういうあれこれを、写真やイラストで表現できたらいいなと思ってつくったんです。

山口：そういうこだわりは、ユーザー1人ひとりへの深い洞察から生まれているのだと思います。本当にものすごいユーザー愛ですし、それが具体的な行動から伝わってきます。

井手：そうですね、その部分には自信を持っていいのかなと思います。

顧客を幸せにするために、まずは自分が幸せになる

山口：いまは絶好調のヤッホーブルーイングさんですが、どん底も経験されていると伺っています。

井手：ええ。もともとうちは、「観光地・軽井沢で美味しいエールビールをつくろう」ということで、星野リゾート代表の星野佳路がつくった会社です。私は当時、軽井沢の広告代理店を辞めてふらふらしていたところを、星野に拾ってもらって、営業として入社しました。その頃は、ちょうど地ビールブームが来ていて、どこのホテルもスーパーも、うちのビールを置いてくれていました。生産が間に合わないので、営業といっても注文を断るのがメインの仕事みたいなものだったんです。
　でも、ブームというのは、パタッと去っていきますよね。そこから6、7年、冬の時代が続きました。つくってもつくっても売れず、売れ残ったビールが山のように積まれる。醸造所内で廃棄をすると酒税が返ってくるので、みんなで缶ビールのプルタブを開けて、中身を排水溝に流すんです。腱鞘炎になるくらい、毎日毎日。仕方ないんですけど、つくっている身としてはやり切れない思いです。「人生に幸せを！」と掲げている会社の、自分たちが全然幸せではないんですから。

山口：ヤッホーブルーイングと言えば「仕事を楽しんでいる会社」というイメージがありますが、その頃の社内は、いまのような雰囲気ではなかったんですか？

井手：全くなかったですね。ぎすぎすしていて、辞めていく人も多かった。私はその頃営業の責任者だったんですが、店頭で売ろうにもクラフトビールは見向きもされなくなっていました。それならということで、細々やっていたネットショップにテコ入れしました。大手のビールメーカーがやらないことをしないと、生き残れないのがわかっていたので、そこに望みをかけたんです。

そこから、ウェブマーケティングを学び始めました。ランディングページのつくり方とか、メルマガの書き方とか、もう本当に基礎の基礎からです。

山口：ネット通販に力を入れ出した2004年頃から、ヤッホーブルーイングの業績はV字回復を遂げていますが、その頃、井手さんが心掛けていたことは何かありましたか？

井手：「仕事を楽しむ」ことですね。ウェブマーケティングの技術的なことは机上で学べるんですが、心のあり方は学んで身につくようなものではありません。大事なのは技術よりも絶対にマインド。イヤイヤ仕事をしている人の書いたメルマガは、それがにじみ出て伝わってしまうし、「辛い、しんどい、楽しくない」と思いながら立てた企画が、誰かを幸せにするはずがない。だから、「楽しく仕事をする」ことをとにかく意識していました。

　すると実際に、お客様の反応が変わってくるのがわかったんです。メルマガに好意的な返信が届くようになったり、ウェブのイベントを面白がってくれる人が増えたり。それで、「この考え方で間違ってないんだ」と自信が持てて、社員にも仕事を楽しむことを目指してもらいました。まず、自分たちが幸せになろうと決めたんです。

山口：「仕事を楽しく」「社員が幸せに」といったことは、いま、どの企業も目指しているところだと思いますが、実際には難しいですよね。そういった組織文化の改革に早いうちから取り組んでこられたからこそ、いま、御社は外から見ても熱量が伝わる企業になったんですね。

井手：そうだと思います。でも、これぱっかりは、「楽しくなれ」「幸せになれ」といったところで変わるものではありませんよね。模倣が困難なものではあると思います。

40人から始まったファンイベントが5000人に

山口：先ほど少し話しましたが、ヤッホーブルーイングは、ファンイベントをとても大事にされていますよね。

井手：そうですね。最初のイベントは2010年の恵比寿でした。私は2008年に星野から社長を引き継いでいたのですが、もともと小さな会社ですから、そんなに大きなイベントができるような予算もありません。でも、どうしてもウェブだけの交流では物足りなくて、どんな人たちがうちのビールを飲んでくれているのか直接会ってみたくなったんです。それで、社員の手弁当で、40人限定の小さなファンミーティングを開催しました。

そうしたら、これが驚いたことに、大好評だったんです。日本中から熱烈なファンの方々が、イベント参加費よりも高額な旅費や宿泊費を自分で負担して、私たちのつくったビールを楽しみに集まってくださり、ニコニコしながら「てんちょ！」と声を掛けてくださいました。

感激しましたね。40人の笑顔で、一気に元気が出ました。自分たちがつくったビールが愛されている現場を見たことで、ものすごくテンションが上がったんです。長野に帰る道中も、スタッフと「イベントやって良かったな！」「またやろうな！」と大盛り上がりでした。

ファンの方々が、私たちを、楽しく幸せにしてくれたんです。直接ファンの方々と交流する機会というのは、こんなにも大切だったのかということがわかり、定期的にイベントを企画してスタッフも交代で全員参加するようにしました。

山口：資料を拝見したところ、2015年の北軽井沢でのイベントに500人、2018年のお台場でのイベントでは5000人での開催とあります。40人から5000人まで参加者が増えるというのは素晴らしいことですね。

井手：ええ。でも、イベントの規模が拡大したことより驚いたのが、ファンのみなさんが自発的にイベントを始めてくださったことです。交流できる場をもっと求めてくださっていたようで、「ファン宴」「超ファン宴」「めっちゃ！宴」、オンライン飲み会「よなよナイト2次会」など、ファン同士で企画して、社員も招いてくれました。

こうなってくると、もう、どっちがもてなしているんだかわからない状態ですよね。当社の理念の1つに「顧客は友人、社員は家族」というものがあります。それがファンのみなさんにも伝わっているようで、とても嬉しかった出来事でした。私たちが「仕事を楽しむ」ことができているのは、熱量の高いファンのみなさんに支えられているからだと実感しています。

山口：キャンプ場を貸し切って1泊2日で行われる、大掛かりなイベントもありますよね。

井手：そうですね。準備や運営もいまだに全部社員がやっています。外にお願いするだけの予算がないということもあるんですが、最初から最後まで社員が請け負うことで、イベントが自分事になりますし、成功させようという気持ちの入り方も違うと思うんです。何より、自分たちでするほうが楽しいですよね。

それに、うちは優しいファンの方が多いので、手が足りなさそうなところは、見かねてお手伝いしてくれることもあります。本当に、ファンと一緒につくっていることを実感しています。

100人中の1人に好かれるために

山口：ヤッホーブルーイングは、企画自体のユニークさや、その企画を実現する行動力はもちろんなのですが、とても話題づくりがうまいなあと感じています。企画や広報の発想力を鍛えるノウハウなどがあるのですか？

井手：たとえば、研修などで面白いアイデアを出す訓練をしている、といった明確な取り組みは特にないんですが、生まれたアイデアを芽のうちに潰さないような土壌はつくっています。

いろいろなプロジェクトは、基本的にチームで動かしています。そのチーム内での心理的安全性が担保されるように徹底し、どんなアイデアも否定しないで聞くことを大切にしています。「こんなこと言って、つまらないと思われないかな」と臆していたら、育つかもしれないアイデアの芽を摘んでしまいかねません。誰のどんな意見もフラットに聞くというところで、訓練していると言えば、そうかもしれません。

それに、チャレンジを推奨する社風はありますね。「失敗は成功へのプロセスだ」として許容し合う文化を、意識してつくってきました。

山口：なるほど。ではそのチャレンジが、あまりうまくいかなかった事例というのもあるわけですか？

井手：そうですね。もう4年くらい前になると思いますが、父の日に合わせて「お父さんレンタル」というのをやってみて、大ゴケしたことはあります。

山口：面白そうな企画ですね。

井手：うちは父の日が1年の内でもいちばんのかき入れどきなので、その時期はオリジナルのセットやパッケージなど工夫を凝らします。その年は、「ヤッホーブルーイングの中にいる〟お父さん社員〟を、貸し出してみてはどうか」というアイデアが出てきたんです。なんだか面白いし、予算も大してかからないから、やってみようということになりました。

それで、若いお父さんから、それなりに貫禄のあるお父さんまで4人のスタッフを待機させていたのですが、申し込みはほとんどありませんでした。ファンの間ではばかばかしさが話題になって楽しんでもらえたのですが、企画としてはニーズがないことがわかって、その年限りでした。

山口：でも、アイデアがユニークですよね。

井手：そもそも、よそで見たことがあるようなことをしても、仕方がないだろうとは思っています。ヤッホーブルーイングでは、エールビールという日本では主流でないビールをつくっています。100人中1人が好きになってくれればいいと思っている会社なんですね。最初から100人に好かれようとするのではなく、好きになってくれた1人を徹底的に楽しませることで、長くお付き合いできる関係をつくれたらいいと考えているんです。

山口：そういえば、南極観測隊の出発日に、御社のビールを届けたエピソードがありますよね。

井手：ええ、それもサブスク解約の電話から生まれた話ですね。「ビールを年間契約したんだけれど、南極に行くことになったから解約したい」と連絡をいただき、「それじゃあ、出発日にエールを送ろう」と、よなよなエールを持って成田まで行きました。

山口：そんな素敵な経験をしたら、その人はこの先一生、御社のビールを飲み続けてくれるかもしれませんよね。軽井沢から成田までの交通費を考えると短期的に見たらマイナスかもしれませんが、長期で考えるとものすごいプラスを生んでいるかもしれない。「究極の顧客志向」とはこういうことですね。

井手：先ほどの「隠れ節目祝い by よなよなエール」にしても、それを祝われて嬉しい人は、全体のごく一部ですよね。ターゲットはとても狭い。でもその人にとって、ヤッホーブルーイングが、ずっとそばにいる存在になれることが大事なんです。私たちとファンの間に細く長い線を何十万、何百万本と引けることを目指しています。

山口：しっかりと顧客1人ひとりのことを考えるのが大事なんですね。

井手：顧客志向という点では、PR TIMESさんはどのように考えていらっしゃいますか？

山口：サービスをご利用いただいている企業には、大きく3つの動機があると思うんです。マーケティング、ブランディング、リクルーティング。いずれの目的であっても、最終的に目指しているのはPR活動によってファンができ、企業の認知が高まり、それが結果的に収益にも繋がることですよね。

だとしたら、私たちがそれに対して寄与できるのは、利用してくださる企業の製品やサービスを消費者として購入することだと思いました。そこで、「弊社の購買活動は、すべて弊社のお客様に発注する」と決めて実行しています。

たとえば2年前にオフィスを移転したとき、新オフィスに必要なものは原則すべてお客様から購入しました。また、いまも社内のランチ会などの場では、毎回違うお客様の商品を発注したり、お弁当をデリバリーしたりしています。微力ではありますが、そういったことを通してお客様のことを理解したり、体験したりする機会になればと思っています。

井手：とてもよくわかります。見せ方、届け方といったノウハウよりも、そこにどれだけ体重を乗せられるかといったマインドの部分は、本当に大事ですよね。

山口：御社では企業マインドをとても上手に育てていますが、日頃どんなことに気をつけていますか？

井手：お客様からのフィードバックの「見える化」を、大事にしています。たとえば、いま、実施しているウェブ上での企画に対して、お客様からSNSに好意的なコメントがついたとします。それをすぐに拾ってチャットで共有できる仕組みがあり、各自で時間をかけて検索せずとも、把握できるようになっているので、自分の仕事に対する顧客のフィードバックをすぐに知ることができるんですよ。

それで「こういうことが喜んでいただけるんだな」と実感できれば、さらにお客様の喜ぶ方向に力を入れていくことができるし、あまり反応がなければ、「これじゃないのか」と次に活かせる。「究極の顧客志向」を掲げるなら、お客様からのご意見は、上層部だけではなく、全社員の間で共有することを大切にすべきだと考えています。

山口：なるほど、それは素敵な仕組みですね。自分のしたことに良い手ごたえがあれば、幸せな気持ちで楽しく仕事に取り組めるし、ほかの人の事例を見て「こんなやり方もあるのか」と学ぶこともできる。生のリアクションをもらえることが、社員の意欲やマインドに直結していますね。

井手：そうですね。SNSのコメントだけではなく、営業の現場で起きたこと、見学ツアーに来社したお客様の一言、会社に届いたメール、サブスク担当の電話に掛かってきたお客様のご意見など、あらゆるものを窓口で集約して、1日に何十件も社員と共有しています。

ＰＲの秘訣は、まず「行動」してみること

山口：この本を読んでいるみなさんがいちばん気になるのが、国内のビールシェア1％に満たないヤッホーブルーイングのビールが、なぜ激戦区であるコンビニの棚に並ぶのかというところだと思います。普通に考えればあり得ない快進撃ですよね。私が拝見していて思うのは、御社はネットを使ったＰＲ戦略に長けていらっしゃる点です。「企業のファンづくりが大事」ということは最近あちこちで言われていますが、御社では昔からそこに力を入れて、熱量の高いファンを増やしていらっしゃいます。御社のＰＲ戦略についてお聞かせいただけますか。

井手：ええ。ただ、最初からあまり戦略的なことを考えて始めたわけではありません。先ほどもお話しした通り、ビールが売れずに広告費も捻出できない時期がありました、追い詰められて放った窮余の一策が、ウェブマーケティングだったんです。

山口：そうなんですね。それがいまの御社は、全社を挙げてファンとのコミュニケー

ションに取り組んでいらっしゃいますよね。

井手：その通りですね。会社から公式な発表を出すと、社員が続けてすぐに「うちでは今度、こういうことをやりますよ」とSNSでPRしてくれる。そうすると、社員とつながっているファンの方が拡散してくださったり、直接「それ、良いね」とか「ここをこうしてほしかった」といったリアクションを、個人のアカウント宛にくれたりすることがあるんです。まるで「広報部」と「お客様窓口」が社員の数だけあるようなものですよね。

山口：広報部や公式アカウントだけが発信する役割を担い、社員は炎上のリスクを避けるために余計な発信をすべきではないという会社もあります。炎上リスクの心配をされることはないのでしょうか？

井手：うちはそんなに大きな会社でもないし、社員間のコミュニケーションがとれる仕組みをつくっているので、企業理念の浸透度合いが見ていてわかります。だから、社員を信頼して発信を任せられる、ということはあると思います。

リスクを恐れる気持ちもわかりますが、やってみる前から怖がって踏み出せないのは、本当にもったいないと思うんです。特に私たちみたいな中小企業は、大手と違ってマスに向けた広告を打つことができないわけですから、怖がらずに挑戦してみたらいいと思います。

山口：御社のこれまでの実績を見られた方から、「PRの秘訣を教えてください」と相談されることも多いと思うのですが、そういう場ではどんなことをお伝えするのでしょうか？

井手：だいたい、みなさん同じところで躊躇していらっしゃいます。よく言われるのが、「広報やPRに力を入れたほうがいいのはわかるけれど、費用対効果がわからない」「お金がないので専任の人を雇えない」、あとは、先ほども話題に出た「炎上などのデメリットが怖い」の3つですね。どれも気持ちはよくわかるのですが、効果を信じてやってみるしかないですよね。

最初から専任の人を雇わなくても、いま社内にいる何人かで、期間を決めてSNSを運用してみるなど、お金をかけないやり方はあると思うんです。それで、その期間内にきちんと効果検証をしてみることが大事です。

ともあれ、まずは、行動してみないことには始まりません。決めて、動く。その効果は「SNS発信をこれくらいしたら、イベントに何人くらいの人が来てくれた」とか、「ニュースサイトやテレビ、ラジオにこれくらい取り上げられた」といったように、ちゃんと数字に表れてきます。それらを広告費に置き換えたら、いくらぐらいの予算が必要だったろうかと考えてみれば、費用対効果はわかりますよね。それを繰り返しているうちにツボがわかってくると思います。

山口：なるほど。「行動」を中心に考えているところが、秘訣と言えるのかもしれませんね。

井手：PRという点では、ぜひ山口さんのご意見もお聞きしたいです。

山口：ＰＲは日本語で「広報」と訳されるせいか、広く伝えることだと思われがちです。でも、本当はＰＲ＝Public Relationsであり、ＰＲとは「組織とそれを取り巻く公衆との間の良い関係づくり」のことなんです。

良い関係をつくりたいと思っているのに、一方的に「話を聞いてほしい」「我々を理解してほしい」というのは、おかしな話ですよね。ＰＲは、公聴と広報。まずは聞くことが大切です。社会の声に耳を傾けて、声にならないような声まで聞く。そのうえで、組織の方針を決め、行動する。その行動について、「いま、こんな施策をしています」と、変化や結果も踏まえて伝える。

この繰り返しと、絶え間ない実践がＰＲだと思っています。伝えることも、聞くことも、行動することも大事。どれが欠けてもうまくいきません。御社のように、行動して、世の中と関係をつくって、その関係をより良いものにするために、さらに行動を積み重ねるというあり方こそ、真のＰＲ活動なんだと思います。

井手：プロにお墨付きをいただけて、安心しました。ちなみに、山口さんが中小企業の方から、私と同じようなご相談を受けたら、何と答えますか？

山口：それはもちろん、ＰＲ活動はしたほうがいいとお答えします。御社の社員さんたちもそうだと思うのですが、お客様とコミュニケーションをとるということは、自分が会社を代表してその方との関係づくりを担っているということです。自分の答え方１つで、会社への印象が変わったり、関係性が変わったりというのは、怖いことでもありますが、同時にとってもやり甲斐のあることですよね。その体感を得られるのが働き甲斐でもあり、中小企業ならではのＰＲ戦略だと思います。

井手：ありがとうございます。ますますやる気が湧いてきました。

第8章

事業を拡大させる「経営」

チームを組んでスターを目指す

日本再生のカギはベンチャー企業の育成と支援

第1章では、地方には就職したいと思えるようなベンチャー企業が、都市部に比べてまだまだ少ないことを課題として挙げました。地方に魅力的なベンチャー企業が多数存在すれば、活性化につながるでしょう。ベンチャー企業が雇用の受け皿としての役割はもちろん、新しいことに挑戦し続けるムードも、活性化の要素となります。そのためにも起業家の育成やベンチャー企業の支援は、地方には特に必要ではないかと思います。

いままでは大企業や外資の工場などを誘致することが地方活性化のためのソリューションの1つでした。そのことで実際に多くの自治体で雇用や人口が増加しており、有効な打ち手であることは間違いありません。今後は、大企業誘致に加えて、「地域のベンチャー企業の育成」も有効な打ち手になるでしょう。伸長するベンチャー企業は地元の雇用を引き受け、県外からの移転も促してくれるはずです。

「魅力的だな」「かっこいいな」「働きたいな」と思えるようなベンチャー企業が地域にたくさん生まれれば、一度都市部に出ていった後でも、地方（地元）に戻って働きたいと考える人が増えるのではないでしょうか。特に若い人ほど、地元に戻ってきてくれる比率が高いかも知れません。

ただし、下図に示すように、現状の日本は

他国との開業率の比較

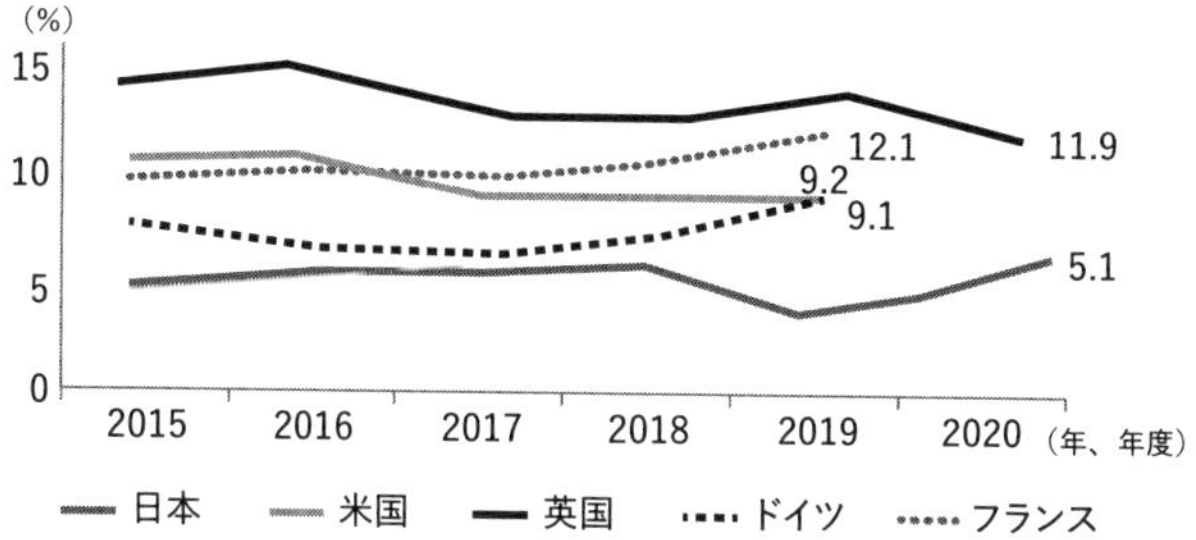

出典：中小企業庁「令和3年度（2021 年度）の中小企業の動向」
資料：日本厚生労働省「雇用保険事業年報」のデータを基に中小企業庁が算出、
米国：United States Census Bureau「The Business Dynamics Statistics」、
英国：英国国家統計局「Business demography」、
ドイツ・フランス：eurostat
（注）国によって統計の性質が異なるため、単純に比較することはできない。

開業率が他国に比べて極めて低い状態です。また、上場企業の53%が東京に一極集中しています（『会社四季報オンライン』より。『会社四季報』2021年1集（新春号）に掲載の本社所在地を用いて集計）。今後、地方からより多くのベンチャー企業が生まれていくためには、育成と支援の仕組みを整える必要があると考えています。

そのため、地方としてはまず、先行している東京の成功事例や失敗事例を研究し、足りないものが何かを理解するのがいいと思います。そして研究や分析と同時に、東京のネットワークの中にも入り、不足を埋められるような打ち手など、有効な情報を得ることが大切になってきます。その情報を分析・整理したうえで、いよいよ地域の独自性を打ち出していくわけです。

その方針に従って、地域が一体となってベンチャー育成をしていくのが目指すべき方向性だと考えます。たとえば、先輩経営者、起業家ネットワーク、地方の大企業、地方自治体、地方大学、地方銀行、ベンチャーキャピタル、士業の方々など、地域の人たちが一体となった大応援団の形成です。地域全体で「地元ベンチャー企業を育成していこう！」というコンセンサスを取り、こうしたエコシステムを構築し、時間をかけて磨いていく。それができて初めて、起業する人が増えたり、ベンチャー企業が成長したりして、移住者増加や関係人口増加などのビジョン実現に近づくのだと思います。

魅力的なベンチャー企業を増やす地域をつくるために

起業や経営という面において、地方と都市部を比べると、もちろん都市部のほうが優れた面はあります。一方で、地方で起業することのメリットも多々あります。

１つ目は、前述したように大応援団が形成できることです。現在でも、全国にはベンチャー育成に積極的なエリアがたくさんあります。応援団は起業家を孤独から解放し、大きな心の支えになります。こうしたつながりの強さは、地方の特権です。

２つ目は、その地域特有の特産品や風習などを考慮した、独自のサービス開発ができる点です。独自化・差別化は戦略的にも重要です。市場での地位も築きやすくなります。

3つ目は、コストメリットです。地方では東京などの都市部よりも相対的にコストが低いので、利益が出やすい構造をつくることができます。このメリットを、経営者は十分に活かすべきでしょう。

4つ目は、リモート環境の発展により人材獲得が容易になった点です。新型コロナ禍を経てリモートワークが普及したことで、地域企業でも以前と比べて人材を採用しやすくなりました。

たとえば、「東京を離れることは難しいけれど、地方のあのベンチャー企業で働きたい」と考えている人にもオファーできるようになっています。また、「副業で地方企業を支援したい」という意志を持つ人材も多数います。つまり経営者がリモートワークにおけるマネジメントを実践できれば、地元人材だけでなく、全国から優秀な人材をチームに迎えることのできる可能性が高まるのです。

こうした点から、同じビジネスで起業するにしても、地方のほうがメリットを享受できる環境にあるのかもしれません。地方の優位性を捉えつつ、新しい波を捉え、新しい経営スキルを身につけ挑戦する。一昔前とは異なる資源獲得が可能になっている時代だと思います。

地域全体で盛り上げる

地方のメリットを活かし、地域全体で盛り上げていく動きは、これからますます重要になってくるでしょう。その視点の1つが、大学との連携であり、起業家ネットワークの存在ではないでしょうか。

アメリカでは、西海岸のシリコンバレーでIT産業が爆発的に成長しました。それには、優秀なエンジニアを生み出すスタンフォード大学の存在が、とても大きいと言われています。当然ですが、ハーバード大学だけに優秀な学生が集まっているわけではありません。日本でも、優秀な人材がすべて東京大学に集まっているわけではなく、地方にも優れた大学がたくさんあり、優秀な学生もたくさんいます。

たとえば、宇都宮大学は2024年度に、データサイエンスと経営を一体的に学ぶ、データサイエンス経営学部を新設します。宇都宮大学はロボティクス、オプティクス（光学）、バイオといった分野でトップレベルの研究をしていましたが、ビジネスに重点を置いた教育にも力を入れ始めています。大学発ベンチャーの育成も視野に入れ、ベンチャービジネス論や大学院生向けにアントレプレナーシップ（起業家精神）演習科目といった講座を開く予定だそうです。ベンチャー企業がこのような大学との連携などが進めば、人材確保やサービス開発にも役立つはずです。

さらに、こうした連携の動きは、地元の高校生や大学生のキャリア選択に、ポジティブな影響を及ぼす可能性もあります。これまで都市部への大学進学が主流とされていたところから、地元に新しい可能性を見出し、地元に残る決断をする学生が増えるかもしれません。卒業生が地元起業家となっていく動きも実現すれば、地域全体を盛り上げる動きにつながるのではないでしょうか。

加えて、起業家ネットワークも起業家育成においては欠かせない要素です。特に地域の起業家にとって、EO（Entrepreneurs' Organization：起業家機構）のような組織はもちろん、徳島県や京都府などから全国に広がるイノベーションベース、さらには全国で展開する商工会議所やニュービジネス協議会などの存在は大きな資産です。

これらのネットワークを通じてベンチャー企業の経営者たちは、横のつながりを得ることによって、学ぶ機会と決断を下す勇気を手に入れることができます。また、成長したいという内発的動機も得ることもできるでしょう。

それと、先輩経営者や教授などの成功者や有識者の方々にメンターとなってもらい、経験のシェアや助言をしてもらうことも有効です。壁打ちしてもらう、あるいは人を紹介してもらう。そのような機会を得られるだけで、若い経営者は多くを学び、どんどん成長していきます。それがローカルグロースにも直結するはずです。

起業家を生み、育成する

最小限のリスクで経営者を目指せる「サーチファンド」

ベンチャー企業支援と同時に、起業家育成も大切な打ち手の1つです。起業してみたい、経営者になりたい、自分の思い描く世界を実現させたい、というアントレプレナーシップを備えた人が増えてくると、自然と街全体にエネルギーがあふれ、ダイナミズムが出てきます。

ただ起業にはリスクもあり、簡単に意思決定できるものでもありません。いままで貯めてきた預金を使い、最初は売上も少ないため給与も限定的。自分の資産が目減りしていくことは怖いことですし、起業に対して決断しにくい点も理解できます。

そこで最近は、サーチファンドによる起業という方法も注目されています。我々、ロケットスターもサーチファンド事業を行っています。我々が定義するサーチファンドとは「経営を志す人材（サーチャー）が、自分の資金ではなく投資家の出資を受け、伸ばす自信がある中小企業を承継し、経営者として企業価値向上を目指す取り組み」としています。

サーチファンドは起業で求められる事業創造（0→1）よりも、すでにある事業の変革・拡大（1→10→100）のほうが得意な人材にとって強みを活かせる、新たなキャリアとしても注目されています。

起業とは全く別の方法で社長に就任できる

我々の事業は、「将来、社長をやってみたい、経営者になりたい」という意志ある社長候補を探すところから始まります。意欲あふれる社長候補者と出会い、意気投合したら両者で契約を結びます。

その社長候補への報酬は、前職の報酬（給与）をベースに提示します。そのため社長候補は、自分の預金を取り崩して資本金や会社貸し付けに使うことはありませんし、数年間給与を貰えないということもありません。起業とは全く別の方法で、社長に就任できます。社長となり、経営を開始した月から給与が出ますので、いままでの勤め先と経済条件について大きく変わりません。

その契約を締結できた社長候補の人には、これから社長となってもらう買収先の企業を一緒に探します。探す際には、その人がビジネスアイデアを持っていれば、それをじっくり聞きます。そのアイデアをベースにみんなで戦略を練り上げ、勝利の絵を描いてから動きます。その人が成功に近づくため、このアプローチを基本として動いていきます。

買収先候補の企業が見つかり、両者によるマッチングが成立したら、ロケットスターが買収を行います。そして契約に基づいて社長候補の方が実際に社長に就任し、経営してもらいます。経営の実行となれば、経営の第1フェーズが始まり、土台づくりをして事業拡張を目指していきます。

事業開始のフェーズとなったら、我々は運命共同体として力を合わせて会社を盛り立てていきます。私としてはサーチャーに対して経営の実務経験をすべて伝えたいですし、人脈も紹介したいですし、自ら営業もして貢献したいと思っています。

そうしてみんなで経営を実行し、お互いで約束した目標達成が実現出来たら、改めて社長に我々の株式を売却します。つまりＭＢＯ（Management Buyout: マネジメントバイアウト）ができ、この時点で社長はオーナー社長になるわけです。私たちはその売買の差額で利益を出すという仕組みです。もちろんＭＢＯだけでなく、外部への売却という選択肢もあります。

「この人と働きたい」という魅力が人を束ねる

社長になりたいからといって、経営に必要なすべての能力を持っているわけではありません。誰でも得意不得意はあると思います。ビジョンはあっても、組織づくりが苦手だったり、戦略が立てられなかったり、ＩＴが苦手なこともあります。足りないところ、苦手なところは、私たちが手伝いしたり、外部から適した人材をスカウトしたりして補完します。

このように、起業したい、経営者になりたいという人に、資金投資をする。そのうえで、ノウハウや人材を補完することで、経営者として企業を成長させてもらえばいいのです。

もちろん経営は甘いものではなく、やりたいという気持ちだけでは通用しません。社長候補になるためには、企業で言う部長クラスのミドルマネジメントは経験しておいてほしいとは感じています。

ただ、それ以上に我々が社長に求めるのは、その人個人の高い魅力度に尽きます。強い磁力や引力のようなものを持つ人。夢やビジョンがあり、戦ってきた実績のある人。「この人と一緒に働きたい」と思わせる総合的な人間的魅力です。

そういう強い光を放つ人であれば、中小企業を1つのチームにできると思います。極端に言ってしまえば、私自身が「この人とだったら失敗しても仕方ないか」と思えるような人を探しています。

このように、サーチファンドを活用することで、リスクを背負って起業せずとも経営者になり、さらにオーナー社長にもなることができます。現在は中小企業の後継者不足が大きな社会課題になっていますが、むしろ経営者を経験したい人にとってのチャンスでもあるのです。こうした仕組みを活用して起業家を輩出していく仕組みも、これから必要だと我々は考えています。

モデルを磨き上げてから拡大を目指す

経営の3つのフェーズ

さてここからは、より具体的な経営の視点として、立ち上げた事業を成長させていくことについて考えていきます。

まず、ベンチャー企業が営業利益10億円を突破するまでには、大きく3つのフェーズがあると考えています。

第1フェーズは、立ち上げてからある程度の利益が出るまで。本章では「経常利益が

1億円」までをイメージしています。

この段階では、まだまだビジネスモデルの型が出来上がっていません。ターゲット再考、商品の改善、販路の開拓など経営者は実務に重きを置き、経営2割、事業8割くらいのイメージでリソース分配していると思います。

ビジネスモデルの型が出来上がったら、より拡大していく第2フェーズに入ります。多店舗展開や連結経営、キャリア採用・新卒採用などを踏まえて、第1フェーズでつくったモデルを拡大していきます。そうして組織を整え、上場できるくらいにまで会社を育てていく。ここで経営者が経営に専念、注力できるようになっていきます。

経営の3つのフェーズ

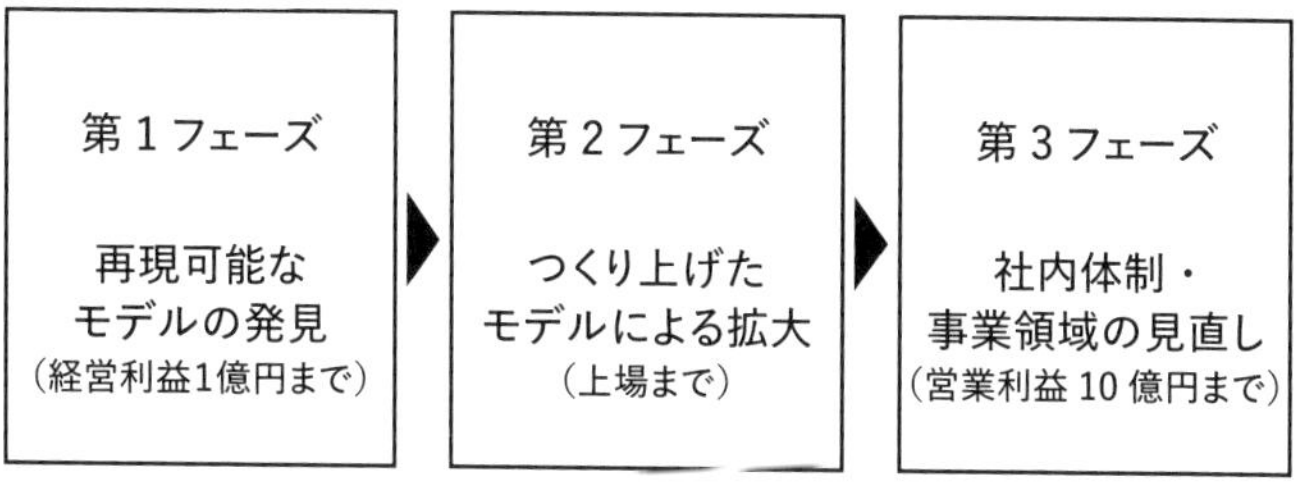

そして第3フェーズでは、営業利益が10億円を超えていくようなイメージです。ここまでの過程とは、大きく異なるノウハウが必要になっていきます。これまでは良しとしていた社内体制も、組織規模が大きくなれば必ず金属疲労が起きます。外部環境の変化により、企業理念や事業テリトリーを見直す必要も出てくるため、第2フェーズの経営とは異なります。

第1フェーズで「再現可能なモデル」を見つける

今回は第1フェーズを中心に考えていきます。

3つのフェーズの中で、最重要と言っても過言でないのが、第1フェーズの「土台づくり」です。建物をつくるときにも、基礎がしっかりしていなければ、どんなに立派な家を建ててもぐらついてしまいます。事業でも同様、モデルを磨き上げないまま次のフェーズに進んでも、ビジネスの拡大は限定的になってしまうでしょう。拡張でき得る再現可能なモデルを見つけることが重要です。

私が以前創業した、ソウルドアウトを例にとって見てみます。創業から約10年で日本全国に20以上の拠点を展開することができました。この地方展開が実現できたのは地方出店における勝ちパターンを見つけられたからです。エリア選定、ターゲット顧客選定、提供サービス選定、立ち上げメンバー選定など、成功と失敗を分析して自社なりの回答が見つかりました。解が見つかれば、あとはそれに該当するエリアに出店するのみです。

つまり成長要因の1つは、地域の営業所を出店しても利益が出続けるモデルを見出すことができたから、と言ってもいいと思います。つまり伸びる会社の土台というのは利益が出る再現可能なモデル（横展可能なモデル）のことです。私は経営者が第1フェーズで注力すべきは、その再現可能な横展モデルを見つけ出すことに専念する、というのもいいと思っています。

「買ってくれるのは誰なのか」をつかむ

モデルを見つけ出すために最も重要なことは「優良顧客が誰かを選定すること」だと考えています。優良顧客を見つけ出すことは、経営におけるマーケティングの役割そのものだと思います。自社の商品やサービスを「誰が、どんな目的で買うのか」を見つけ出すため、さまざまな属性に向けて営業してみることが有効です。ターゲット分析は極めて重要です。

できるだけ少ない費用や手順でミニマムな自社の製品やサービスをつくり、顧客の反応を繰り返し確認することで方向性を定め、ビジネスを無駄なく回していくマネジメント手法は「リーンスタートアップ」と呼ばれています。そのための有効手段として、「ＰＭＦ(Product/Market Fit：プロダクトマーケットフィット)」という考え方があります。

ＰＭＦとは、顧客の課題を満足させる製品を提供し、それが適切な市場に受け入れられている状態を指します。私はＰＭＦで重要な点は「ディマンド」にあると考えます。ディマンドとは、お金を使って利用してくれる顧客の購買意思を指します。似たような言葉に「ニーズ」や「ウォンツ」がありますが、お金を実際に使ったという点で、「ディマンド」はそれらとは異なります。

ニーズは基本的な欲求、たとえば「お腹が減った」などの感覚を示し、ウォンツはその欲求を特定の方法で満たすこと、つまり「おにぎりを食べたい」などの感覚です。一方でディマンドはそれらを超え、コンビニに並ぶおにぎりの中から「〇〇社の梅干しおにぎりを買おう」と特定の製品に決めることです。

ここで重要なのは、なぜその製品が選ばれたかの「ディマンド」を明らかにすることです。ディマンドに基づいて、どんな人が、どんな理由でお金を出してでも使いたいと思っているのかを分析できると、拡張の打ち手についての成功確率は上がるはずです。

営業の仕事の再定義

経済の根幹は、誰かの役に立つものを提供してお金をもらうことです。役に立つものであれば、お金がもらえる。購入側も、不要なものにお金は使わない。これがシンプルな原則です。

前述した通り、自分たちの提供する製品やサービス（売るもの）を役立ててくれるのはどんな人なのかを知らなければいけません。そのためにまずはたくさん営業して、「この人たちだ」というターゲットを見つける。あるいは、「この人たちが買うと思っていたのに買わなかった」というところに、答えが隠されている場合もあります。

こう考えると、第1フェーズにおいて、経営側は「営業の仕事はリサーチである」と役割を再定義してもいいと思います。

たとえば、営業マンに対して売上額や粗利額の評価ではなく、「どの顧客が、どう使うために買ってくれたのか、その詳細をヒアリングしてくること」とミッションを変える、というようなことです。

ヒアリングした情報が集まってくると、買わないとわかったターゲットを見込み客から除いていくことができます。そうして選定した優良顧客が誰なのかが見えたら、その客層に向けて一気に営業する。世に言う「選択と集中」です。小さな企業が持つ少ない人的資源でも儲かるのがこの手法です。それが成功して初めて次の第2フェーズへと進んでいくことができるのです。

アントレナーシップを持って事業を拡大させる

ロールアップ戦略で大きくなる

再現可能な事業のモデルをつくることができたら、第2フェーズ、事業の拡大に進んでいきます。拡大再生産を目指し、資金や人材などの調達を行っていきます。

ここでは拡大する方法の1つ、ロールアップ戦略について、述べていきます。ロールアップ戦略とは、連続水平のM&A（同じ業界の企業を買収していくこと）で規模を追求し、経営効率を高めていく打ち手です。たとえば、同じ業種でエリアが違う企業を買収して、自分たちのノウハウを導入したり、獲得した資源から学んでシナジーを追求したりして、拡大していく手法です。

ロールアップがより有効な市場環境は、上位企業による寡占度が低く、小規模な会社が多数存在している市場であるとされています。そうした市場の中で同業種の水平買収を行い、システム統合や設備共有化、間接部門の統合などの合理化により全体の効率化が期待できます。またロールアップは事業承継問題への貢献も期待できるとされ、改めて注目を集めています。

継続投資とアントレプレナーシップ

経営において投資とは、時間とお金をどのように有効に使うか、という重要な意思決定の1つです。成長を望むのであれば投資は必須です。製品開発、人材採用、店舗出店……投資すべき個所は無数にあると思います。

昨年と同じことをしていても、ゆっくりと下り坂を降りていくことになると私は思っています。競合は進化し、顧客は賢くなり、社会は変化していくためです。変わらなければ下り坂。それを横ばいにするだけでもパワーがかかるのに、さらに上昇という成長を望むのであれば、尚更投資が必須となります。
そのためにも経営者は常日頃から、社会情勢を踏まえたマクロの流れを学んだり、人脈から得られる環境認識などの情報を得たりしておくことが、投資の判断をするうえで大切な要素になると思います。

しかし、投資する意思決定の前に、必要な情報がすべて手に入るわけではありません。すべての材料が揃っていて、見通しが良ければ意思決定もしやすいですが、そんなことはまれです。断片的な情報のみが目の前にある、という事態も多々あります。情報収集に全力で動いても限定的な取得になることばかりでしょう。
それでも意思決定をしなくてはいけない局面も多々出てくるため、経営者には勇気や胆力が必要になってくるのだと思います。そうした状況下で、投資の優先順位を決めて実行するのが経営者の仕事です。まさしく、アントレプレナーシップの発揮箇所だと思います。

ドラッカーは『イノベーションと企業家精神』（ダイヤモンド社）で、アントレプレナーシップを「イノベーションを武器として、変化のなかに機会を発見し、事業を成功させる行動体系」と定義しました。つまり、社会変化や予期せぬ出来事は未来が変化していく兆しであり、その変化の波は誰も気づいていないからチャンスである、と。その変化を先取りしてサービスを開発提供し、顧客にフィットするまで挑むことが重要だと説いているのだと思います。

またハーバード・ビジネススクールのハワード・スティーブンソン教授は、アントレプレナーシップを「コントロール可能な資源を超越して機会を追求すること」と定義しています。確かに新規事業を立ち上げる際に、資源が足りているという贅沢な環境はありません。だからこそ知恵を絞ってチャレンジしていくしかなく、それが成功要件でもあり、そのスタンスこそがアントレプレナーシップなのだと思います。まさに起業家に求められている能力なのだと感じます。

第9章

インタビュー

地方企業のカルチャーを明るく変える。求人応募数1人から700人へ

アンクス菊永 満×ロケットスター荻原 猛

菊永 満（きくなが・みつる）

株式会社アンクス代表取締役。1974年、鹿児島県屋久島町生まれ。大学時代に創業直後のオプトに入社し、その後、Dell、Apple、ユニクロでイーコマースビジネスやマーケティングをリード。Appleでは、インターネット黎明期の2006年からシンガポールに移り、アジア太平洋地域全体のイーコマースビジネスのマーケティングや立ち上げを推進。現在は株式会社アンクスの代表を務めながら、鹿児島における起業を支援している。

コロナで変わった世界と、変わらなかった自分のコア

荻原：菊永さんは、ずっとグローバル企業で世界を飛び回っていましたよね。その菊永さんが、まさか地元の鹿児島に戻って地元企業の社長になるとは、全く予想もしていなかったんです。いったいどういう経緯でそうなったのか、というところからお話を伺えますか？

菊永：ええ。まず、僕が「自分はどう生きていきたいのか？」を考え出したのが30代、Appleを辞める頃でした。「このままだと、きっと将来は、どこかの企業のカントリーGM（General manager：ゼネラルマネージャー）になるんだろうな。でも、それは面白くなさそうだ」と思いました。

そのときから独立を意識し出して、40歳を機に、一月ごとに違う国に住んで経営していくスタイルで起業したんです。基本的に僕は「楽しい仲間と楽しいことをしていったら、少しずつ世の中が良くなる」というのが理想だと思っています。仕事を通して何かの価値を見いだすことができて、その過程が面白ければいいと

いうのが信条なんです。そんな考えで楽しくあちこちの国で仕事をしていたんですが、新型コロナの影響で日本に帰国するしかない事態になりました。

荻原：コロナがきっかけだったのですか。確かに、あのときは世界が大混乱しましたね。日本に帰ってきてからは、しばらく東京にいらっしゃったのですか？

菊永：ええ。でも、人にも会えないしやることもないから、故郷の屋久島に戻って、焚火をしていました。けれど、いい大人が2カ月も焚火だけしていたら、飽きますよね。それで、ふと周りを見渡してみたんです。僕がどうして鹿児島を飛び出したかというと、昔から鹿児島の抑圧的なところが好きではなかったからなんです。

荻原：共感する地方出身の方も多そうなお話ですね。上の人に意見することを憚れたり、年功序列が重視されたり、上の人を無条件に立てろと言われたり、そういう風習というか、習わしが残っているところもあると聞いたことがあります。

菊永：そうなんです。でも、いま、自分は結構おじさんになっていて、どちらかと言うと昔とは逆の立場にいることに気づいたんです。それならもっと自由にやっていこうと思いました。それに、このまま地方に残るなら、何か地方の役に立つことをしなくてはいけない、という気持ちもありました。

そこで、鹿児島の困っている会社の事業継承をしようと決めて、会う人ごとに「こういうことをやりたいと思ってます」と言って回りました。すると知り合いの税理士さんから、アンクスのことを聞いたんです。それが始まりでした。

荻原：なるほど。アンクスを買うと決めてからは、スムーズでしたか？

菊永：いいえ、まったく。といっても金額的なことでは揉めないんです。企業の評価額は、誰が見てもそんなには変わらないですから。やっぱり、感情的なところですよね。

荻原：それでも、２０２１年にアンクスとのM&Aに成功されていますね。その後は、すぐに、菊永さんが経営を始めたのですか？

菊永：いいえ、それも読みが外れました。僕は最初、資本家としてやっていこうと思っていたんですよ。だから、オーナーとして意見は言う、その意見を受けてのマネジメントは経営陣に任せる。そのやり方で、結果は出るだろうと思っていました。でも1クォーター終わったとき、業績が前年割れしていたんですよ。

荻原：あらら、なるほど。それはやっぱり、コロナの影響ですか？

菊永：違います。社員の仕事のレベル感が、僕の求めるものに届いていなかったんです。僕は、会社を経営するなら、当然成長させたいし、利益を上げて分配しなくてはならないと考えます。当たり前のことです。

けれど、地方であまり上を目指さない経営を続けてきた会社だと、社員も成長を求めないんです。実際は緩やかに衰退しているのですが、それにも気づいていない。とにかくビジネスの意識が足りなくて、僕が求めるように仕事が進まないし、利益が出ないんです。それで、「ここでは人任せにしていてはダメなんだ、旗振りは自分がしなくてはいけないんだ」と気づいて社長になりました。

荻原：もしかすると地方では、利益を追求するという面が表に出てしまうと、嫌がられることもあるかもしれませんね。社会貢献という部分を大事にしすぎて、お金の話が憚られる雰囲気という印象です。

菊永：そうなんです。社会貢献はもちろん大事ですよ。でも社員を雇って、食べさせなくてはいけないし、若者に働く場所や夢も与えなくてはならない。それも立派な貢献なのに、「儲けてはいけない」「人前でお金の話をしてはいけない」と言われたら、それはビジネスではないですよね。僕は別に守銭奴なわけではなくて、楽しく仕事をするには資金がいるし、仲間を集めるのにもお金がいる。だからそれを、オープンに話しているだけなんです。

荻原：菊永さんの、「仲間と楽しく働きたい」という想いは、どこに行っても変わらないのですね。

菊永：それが僕のコアですから。

会社のカルチャーを根こそぎ変えた菊永流

荻原：菊永さんが社長に就任されて、最初に変えた箇所はどこだったのですか？

菊永：大きく3つあるんですが、まずは、社員の意欲を変えようと「これから社員100人の会社にするぞ」と宣言しました。わかりやすい目標の設定です。

荻原：それまでアンクスさんには、何人在籍していたのですか？

菊永：40人。それが、1年後に求人を出したら700人の応募がありました。

荻原：すごいですね！　700人の応募！　ちなみに、採用後の社員の平均年齢は変わりましたか？

菊永：以前が40いくつかで、日本の企業の平均値くらいでしたね。いまは31です。

荻原：なるほど。若い子が押し寄せる会社になったのですね。世代がガラッと変わったら会社の空気も変わるのではないでしょうか？

菊永：そうですね。でも、僕が「100人採用するぞ」と言ったときには、社内の誰も信じてなかったと思います。「うちなんかに来るわけがない」という空気がありました。以前のアンクスは、求人広告を出しても、年に1人か2人しか応募がなかったそうです。

荻原：アンクスは、もともとベンダーの下請けのシステム開発をやっていた会社で、社員はスーツにネクタイで出社してくるようなところだったと聞いています。

菊永：ええ。良く言えば真面目、悪く言えば地味な会社で、事務所も普通だし、面白味がありませんでした。僕は、暗い雰囲気のオフィスで働くのが好きではないんです。それで、2つ目に変えたのが働く環境でした。会社ごと移転して、モダンで明るいオフィスにつくり変えたんです。取引先の人も、社員の友人も、いろんな人に来てもらって飲んで楽しめる社内バーをつくって、くつろげるようにしました。

荻原：見た目から変えたのですね。毎日目にするものから変えると、気持ちも変わりやすい。社内バーは、みんな使うようになりましたか？

菊永：いいえ、これも全然。「会社の中で、酒なんか飲んでいいのか？」と、最初はみんな遠巻きに見ていた感じですね。

荻原：なるほど。企業文化が全く違うから、最初は驚きもあって受け入れがたかったのでしょうね。ほかには、何を仕掛けたのですか？

菊永：目立つところから目立たないところまで、いろいろやりましたね。まず、僕は、自分の会社を誇りに思ってほしいと考えました。地方に行くと、県庁とか市役所とか、手堅いところに就職できたら勝ち、みたいな風潮がありますよね。

荻原：確かにありますね。親としても「うちの子は、県庁に勤めておりまして」と得意げに説明できますしね。地元のエリートですよね。

菊永：そんな価値観の中では、以前のアンクスみたいな、誰も名前を知らない会社に就職しても、親戚や友人に誇れない。となると、まず知名度を上げるところからですよね。

地域の人たちが楽しめそうなイベントをアンクスが企画して主催したら、会社の名前も知ってもらえるし、社内にも文化祭前のような一体感も生まれるだろうと考えました。そこで1年目は、コロナで中止になっていた花火大会をアンクス主催でやらせてもらいました。打ち上げ花火をつくるところから経験させてもらえて、楽しかったですね。

会場は、桜島の前に広がる錦江湾です。花火を見るときの特等席はどこだろう？　そう考えたときに、「船の上だ！」と思いました。当日は、錦江湾を1周する船をチャーターして、社員と船上で花火鑑賞もできる懇親会をしました。新規採用した30人の新人社員たちは、あれがきっかけで会社に馴染めて、みんなと仲良くなれたと思います。

荻原：すごい！　それは楽しそうですね。そういえば、菊永さんは、先日マツケンサンバを踊ったと聞きました。

菊永：そうです。今年は地元のサッカーチーム『鹿児島ユナイテッドFC』のスポンサーになったので、『アンクスマッチ』という社名のついた試合をやったんです。せっかくの機会だから、試合のハーフタイムでショーをやろうと決めて、地元高校のチアダンス部やジュニアチームとアンクスの社員とで、一緒に踊ることにしました。僕も真ん中で、キンキラの衣装とカツラをつけて踊りました。その後は、道を歩いていても「あ、マツケンサンバの人だ」と言われるようになりました。

荻原：誰よりも率先して楽しんでいますよね。菊永さんの「遊びも仕事も全力投球」というポリシーが社風にまで浸透しているように思います。

菊永：まず僕が楽しまなくては、誰もついてきてくれません。それから、試合があったのはお盆の時期で、お盆と言えば夏祭りです。スタジアムの外に夏祭り会場をつくり、子どもたちに楽しんでもらえるように考えました。社内のチームごとに出店してもらって、ゲーム感覚で売上を競い合ったんです。

荻原：なるほど、それは、社員同士のコミュニケーションが増える良い仕掛けですね。ダンスや夏祭りは、社員から嫌がられたりはしなかったのですか？

菊永：正直、それがいちばん心配でした。仕事でもないのに「踊れ」とか「店やれ」とか、むちゃな要求ですよね。でも、ちゃんとついてきてくれて、自分たちで楽しもうとしてくれた。前向きに取り組んでくれたんです。

荻原：素晴らしいです。つまり停滞していた頃のアンクスではなくなっていたのですね。

菊永：そうなんです。知名度も上がって、いまでは鹿児島でアンクスを知らない人は少ないと思います。それと、大きなスポーツイベントや美術展の案内にアンクスのロゴが出ると、社員の家族が喜んでくれるんです。お父さんの会社が、鹿児島中からみんなが来るようなイベントのスポンサーになっている。それが、家族には誇らしいみたいです。

荻原：とてもよくわかります。僕も前の会社を経営していたとき、どうやったら社員の家族に喜んでもらえるかを一生懸命考えていました。社内報を紙で配っていましたが、社員に読んでもらうだけなら、ネットに載せておいてもいいわけです。わざわざ紙でつくるのは、家族に見てほしいからです。頑張りを伝えて、家族に応

　　援してほしいのです。

菊永：うちは社員が意欲的に働く会社だから、家族には、そのケアをお願いしたいと思っています。うちでも、「この社内報は、絶対家族に渡して読んでもらえよ」というつもりでつくっています。

社員のハートに火をつけるのが、社長の役目

荻原：会社のカルチャーを変えるために、ほかにはどんなことをされていたのですか？

菊永：まずは生産性を上げる仕組みの導入ですね。いまどき、ＩＴ会社の決裁書類が紙で回ってきて、僕がハンコを捺さなければならないなんて信じられませんでした。そういう無駄を、ツールを導入してどんどん変えていったんです。最初は抵抗もありましたが、仕事のスピードが早くなるし、目に見えて業績が上がったのがわかります。

荻原：成果を見せて、社員に自信をつけてもらおうという狙いがあったんですね。結果を見て、社員は変わりました？

菊永：それが、話を聞くとそうでもありませんでした。「僕たち、鹿児島の田舎者だし、東京の人たちみたいに優秀ではないし、結果が出たと言っても、社長が裏でうまいこと操作して、結果が出たように見せているだけなんだろうな」と思っていたらしいんですよ。

荻原：いまだから聞ける裏話ですね。

菊永：その頃はまだ、自分たちの手柄だと思えるほどの自信もなかったんでしょう。でも、自分が頑張った仕事で成果が上がれば、やる気も出るし自信もつくはずです。だから、社員には、すごく勉強させました。その時点では仕事で使う予定もなかったAWS（Amazon Web Services）の資格を取らせていたし、新しい技術をどんどん吸収させて、東京と戦える武器を身につけさせたんです。

荻原：AWSですか。クラウドが使いこなせると東京の単価の高い仕事も受注できるようになりますね。発注する側からするとプラスアルファで付加価値があるというメリットがあります。

菊永：そうなんです。だからバンバン仕事が来るようになるし、これまでやったことがないことにも挑戦できて、結果も出て、みんな達成感も得られるし自信もつく。

荻原：それは、社員も成長を実感できて、嬉しいですよね。

菊永：でも、もっと大事なのは、そういう短期的な自信ではなくて「頑張れば、もっと遠くまで行けるはずだ」という挑戦する自分への信頼だと思いました。それもあって、社員とはよく話をしていました。

荻原：素晴らしすぎます。ちなみに、どんな話をしていたのですか？

菊永：たとえば、僕は屋久島生まれのド田舎育ちなのに、海外に出て働いていたわけですよ。そういう話をすると「これから一生、鹿児島に住んで、代わり映えのしない毎日を送るのかな」と思っている子たちにも、それが自分にも起こるかもしれない身近な現実なんだとわかってもらえる。自分で未来を変えられると、信じられるようになる。

荻原：身近にそういう経験をしている人を知らないから、「成功」がどこか遠い国の夢物語になっているのですね。東京の人ならできても、自分たちには無理だと感じるのでしょう。

菊永：そうです。ずっと鹿児島で育ってほかを知らないから、自分にはできないと思い込んでいる。やったことがないから、尻込みをしている。戦う前から東京に負けると思っている。そのハートに火をつけるのが、僕の役目ですよね。

荻原：見事に火がつきましたか？

菊永：つきすぎちゃって大変です。うちの会社は不夜城かと思うくらい、みんな夜も頑張って働いているし、採用面接の担当者は「ワークライフバランスとか、有給休暇は何日ですか？　とか言ってくるような人は2秒でお引き取りいただきなさい」なんて、ブラック企業みたいなことを言っています。でも、そんな会社に、県庁や鹿児島の大きな会社を辞めて転職したいと言う人が面接に来て、落ちたりするんですよ。

荻原：優秀な人たちにも、働き甲斐のある会社だということが伝わっているのですね。

菊永：そうなんです。それでマネージャーたちが言うんです。「俺たち、前の会社に入れて良かったな。いまの会社だったら、絶対受からなかったな」。実際に、いま、入社してくる子たちは、びっくりするくらい優秀だし、働くし、勉強もする。

荻原：「前の会社」「今の会社」と言うのですか？　転職したわけでもないのに、面白いですね。彼らにとっては、それくらい変わった実感があるのでしょうね。

菊永：そうだと思います。ある社員は「前の会社のときは、自分が働いている会社の名前を言えなかった。銀行に勤めている友達に言うのが恥ずかしかった。でもいまは、胸を張って言える」と言ってくれました。もう、涙が出るほど嬉しかったですね。

荻原：それは泣けますね。たった2年で、ちゃんと菊永さんのカルチャーが根づいて育っている。いい話ですね。

なぜ東京ではなく、鹿児島だったのか？

荻原：最初の質問に戻りますが、菊永さんは、グローバルな素晴らしいキャリアを持ちながら、どうして鹿児島で働く道を選ばれたのでしょう？

菊永：やっぱり、コロナの影響が大きかったと思います。世界は一瞬でこんなにも崩壊するのか、という体験をしましたからね。それまでの価値観も大きく変わりました。お金を稼ぐことだけに、そんなに魅力を感じなくなってしまったんです。自分にとっていちばん大事なことは何だろうと突き詰めて考えたら、「楽しい仲間と、楽しく生きていくこと」だったんですよ。

荻原：鹿児島がいちばん楽しく生きていける場所だと思ったのですね。

菊永：ええ。もともと、自分は屋久島の田舎者だから、ベースは鹿児島にありますし、自然も良いし、食べ物も美味しい。人は朗らかで、打ち解けてしまえば素直で、何でも吸収しようとする。仕事をガツガツやろうと思ったら、東京ほどはできないですが、楽しい仲間をつくれる可能性はすごくあるんです。地方は、人との距離が近いですから。

荻原：わかります。すごく近いですよね。具体的に、それを実感することはありましたか？

菊永：たとえば僕は、企業買収はレバレッジドバイアウトで行っているので、銀行さんの協力が不可欠なんですよ。普通の感覚だったら、伝手を頼って、支店長を訪ねて「お金貸してください」って頭を下げに行くものですよね。でも、僕は鹿児島銀行のホームページから、「今度会社を買収するので、お金を貸してください」と、いきなりメールを送りました。そうしたら、銀行の担当の人が、うちを調べてやって来て「菊永さん、これ、本当ですか？」と聞くんです。「もちろん本気です」と答えて、次に銀行に行ったら、専務や会長が出てきて、仲良く飲みに行くことになりました。ここまで、わずか2ターンですよ。

荻原：普通ではそんなこと、あり得ないですね。

菊永：ほかにも、去年ビジネスプランコンテストに出ていた高校生たちに、僕のカバン持ちを1日体験してもらったんですが、みんな、社長というのは偉そうに座っているだけのイメージしかないから、驚くわけです。僕は、1日10件くらいアポが入っていて、ちっとも座っていません。

荻原：高校生からすると、「なんだ、この人？」って、すごく刺激を受けたでしょうね。

菊永：そうなんです。そうしたら、そのカバン持ちの子の1人が、実は鹿児島の上場企業で1000億円くらい売上のある会社の副社長の娘さんだったんですよ。僕はそれを知らなかったんですが、ある日「菊永さん、娘がお世話になりました」と電話が掛かってきました。その子が、僕のことを興奮しながら家族に話していたみたいなんですよ。それでお父さんが興味を持たれて、一緒に食事をすることになったんです。この距離の近さは、地方ならではですよね。

荻原：面白いエピソードだらけですね。菊永さんの話には、良い大学を出て、大企業に入った中堅クラスの人たちが「自分も、地方に戻って何かしてみようかな」と、思ってくれそうな魅力があります。マネジメント経験を積んだミドルの人たちの価値観が少しでも変わって、地方に目が向いたら、もっと面白いことが起きると思います。だから、僕は、菊永さんの話を広めたいです。

菊永：そういう人が増えたら、地方の事業はやりやすくなると思いますね。1人では、本当に大変ですから。

荻原：もう1つ。僕がすごいなと思うのは、菊永さんの「経歴を盾にしないところ」なんです。ティム・クックとハグしたり、ユニクロの柳井さんと直で仕事をしたりした人は、日本人でそんなにいないはずです。そんなすごくグローバルなところで生きてきたのに、そのキラキラした経歴をひけらかして、上から人を圧倒したりせずに、地方のローカルな価値観にもするりと合わせられる。その全然違う世界をつなげられる感じが、本当にすごいなあと思っています。そのコツをみんな知りたいと感じると思います。

菊永：コツではないんですが、僕は、キャリアは運と縁が90％以上だと思っているんですよ。実力もゼロではないかもしれないけど、実力だけでは、絶対うまくいきません。有名な経営者がやりがちですが「あの大ヒット商品は、私が売りました」と、本に書いたりするでしょう。あれはどう考えても嘘なんです。自力だけでうまくいく仕事なんて、世の中に1つもないですよ。

荻原：それはそうですね。

菊永：僕だって、IT業界にいたタイミング、Dellに移ったタイミング、Appleにいたタイミングがたまたま良かっただけで、自分の力でうまくいったとは全然思っていません。いまだって、荻原さんがいなかったら、こんなふうに話を聞いてもらえる立場になっていなかったと思います。そういう縁が大事なんだと思います。グローバルな場で得た経験は、自分をつくってくれた財産になってはいるけれど、それはたまたま運と縁が運んできてくれたもので、自分の手柄じゃないですよね。

それを勘違いせずに、他人にシェアしてあげることが大事だと思います。

荻原：なるほど、このフラットな雰囲気の菊永さんが私は大好きだし、みなさんにも自然と愛されるのでしょうね。ところで、菊永さんはいま、アンクス以外にも、いくつもの地方企業を買収されていますが、どういうポイントを見て買われているのですか？

菊永：やっぱり仕事である以上、損をしないことがいちばん大事ですよね。そういう意味では、「経営者が経営していないな」とわかる会社に注目していますね。

荻原：「経営していない」というのは、その会社の伸びしろを見ているということですか？

菊永：そうですね。別の言い方だと、隙がある感じです。経営者が「もう、俺はこの会社で儲けなくてもいいかな」と経営を投げ出している会社は、社員が勝手にルールをつくり出していたりして、会社がバラバラになっているんですよ。

荻原：そういう会社をちゃんとハンドリングして、テコ入れすれば、伸びていく可能性があるという意味ですか？

菊永：経営のコントロールももちろん大事なんですが、社長がすべきことは、自分が夢を見て、社員にもその夢を共有し、みんなで目標に向かっていく会社の体質をつくることではないかと思うんです。

会社というところは、お金を稼ぐだけではなくて、みんなで何かを成し遂げる達成感や、生きている充実感を味わえるところです。仲間がいて、楽しいことをして、それでお金をもらえるから最高なんですよ。苦しいこともあるけど、全部ひっくるめて、楽しい。自分が成長できていることを実感できる。それを味わえる会社にしなくてはダメだと思うんです。地方の会社は、そういう意味で隙があるところが多いですね。

荻原：社長は旗振り役ですものね。先頭に立って夢を見せる人。

菊永：逆に僕からも荻原さんに聞いてみたいんですが、その旗振り役が大事にしなくてはいけないことは何だと思いますか？

荻原：やっぱり、ステークホルダーをちゃんと意識することではないでしょうか。菊永さんも意識されていますが、従業員、取引先、地域社会、銀行、お客様、八方良しの姿勢が大事だと思いますね。みんなにちゃんとメリットがあるように考えることが地方では特に大事で、東京で事業をするときよりも強く意識しなくてはいけないと思います。

あとは、人間力でしょうか。菊永さんの話は、聞いているだけでも面白くて、「この話、ドラマになるな」と思えるくらい惹き込まれる。僕は、菊永さんのような人が全国に１００人生まれたら、日本がガラッと変わると思っています。

菊永：変えたいですね。みんなで楽しみながら、少しでも良くなったら最高です。

第10章

経営者を動かすもの

会社を大きくすることの価値

ビジネスの拡大は、社会のアップデート

中小企業が自分たちの企業を大きくするためには、まず会社が大きくなることを是と考えられるかどうか、その意思にかかっています。理念やビジョン、ミッションを明確にし、どこを目指すかを起点に逆算して考えることが重要だと思います。

経営者には、いくつかの段階があります。実務が忙しく、あまり経営のことを考えられない時期。そこを超えて成長し、県内トップクラスに到達するまで。さらに全国展開を目指して頑張るとき。そして「国内から海外へ、グローバルに行くぞ!」と世界を目指す領域。それぞれの成長フェーズに応じて、経営者のあるべき姿は変わります。正しく言えば、

変えていかなければなりません。

もちろん、まずは県内トップを目指すべきです。しかしそれで満足せず、全国に展開し、そこで成功したら世界を目指してほしいと思います。

中小企業の経営者には、コンフォートゾーンから抜け出せない人が多いと感じます。良いものを持っているのに非常にもったいない。企業が成長し、新しいフェーズに向かわなければ、社会がアップデートしていきません。経営者にはその責務があり、その自覚をもって経営に取り組んで欲しいと思います。


そもそも、会社を大きくすることに対して、ネガティブなイメージを持つ人も少なくないのではないでしょうか。

「自分たちの商品やサービスを使ってくれる人、好きになってくれる人が増える」ということは、たくさんの方に便利さや快適さを提供し、喜んでもらえているということです。自分1人でビジネスをしていては、好きになってくれる人は5人しかいないのかもしれません。しかし会社が大きくなれば１０００人、1万人に好きだと言ってもらえるようになります。利益を適切に投資し、製品やサービスの質を高めながら、たくさんの人に喜んでもらう。

会社が大きくなることは是なのだと、自分たちがやっていることがたくさんの人のためになっているのだと、社会をアップデートしているのだと、大義に感じていくことも大切だと思っています。

売上の横ばいは給料の横ばい

もちろん、急成長していくことだけが正義だとは思いません。たとえば京都府の老舗企業のように、100年、200年と続けていけることにも大きな価値があります。拡大することと以上に長期間にわたって安定して続けていくこと（ゴーイングコンサーン）のほうが重要ではないかという価値観も、おおいに頷けます。

ただ、そうした企業になるためにも、変化や改革は必須です。長らく存続している会社は、ご多分に漏れず自己変革を繰り返しています。そうして社会の変化に適応するという挑戦をし続け、長きにわたって企業を存続させています。苦しい局面は古今東西、どんな会社にも起き得ます。その際、勇気を持って改革するのが経営者の仕事であり、醍醐味でもあると思います。

それに、自分が変わらなくても競合はアップデートしています。それゆえ、新規顧客を開拓する、新市場を獲得する、新製品を開発する、客単価を上げる。このような挑戦がなければ、ただ市場シェアが下がり、売上が下がっていくだけです。うまくいって横ばいではないでしょうか。

業績が横ばいになるということは、従業員の給与も上げにくい。経営者が従業員の雇用責任がある以上、このことを忘れてはいけません。いま、多くの企業は人手不足・人材不足に見舞われています。自分たちが働いている会社が横ばいで、何の投資もしなくなったとき、ほかに成長している挑戦企業があれば、みんなそちらに移ってしまうこともあり得ます。

資本主義社会である以上、市場での健全な競争は必要です。企業が提供するサービスを向上させ、そのサービスに興味を持つ消費者が増えて市場のパイが大きくなり、多くの消費者が恩恵を受け、社会全体の利便性が増していきます。その点からも、企業は新たな挑戦を続け飛躍していくことが大切です。

売上・利益が上がることで給与が上がって従業員が潤う。投資ができるようになって、より商品やサービスは良くなり消費者が潤う。企業として納める税金も高くなり、地方や国も潤います。

「失われた20年、30年」と言われますが、もう過去のことは置いておいて、現役世代、そして次世代の経営者で、10年先、20年先の良き未来をつくればいいと思います。

令和から続く未来は、テクノロジーの進化や社会構造の変化で、過去とは大きく異なります。新しくアップデートされた世の中をつくっていく。全く新しい地方のあり方、中小企業のあり方、これを私たちの手で提示していくことが求められているのです。

意識と行動を変え、長期間の視点を持つ

「自分がやらなければ」という使命感を持つ

この本の目的は、多くの経営者に「自分がやらなければ」と思ってもらうことです。「それは自分の話じゃない」「誰かがやるんでしょ?」と他人事になっている経営者の方もいるかもしれません。違います。私たち経営者が主体です。

誰にでも、「そんなことは自分にはできない」と考える時期もあると思います。でも、「自分がやらなくてどうするんだ」と考えることができると、その瞬間から思考がガラリと変わります。当然、行動も変わります。どんな事業でも、主役になれるのです。

そして自分事として取り組むことが、経営者としての求心力にもつながります。これからは、顧客にファンになってもらうためにも、仲間を集めるためにも、経営理念や経営者のメッセージが重要になっていきます。当事者意識が強く、変革意欲が高く、成長欲求も高い。古今東西、そういう人が輪の中心となり、多くの人に好かれ、頼られ、その支援を背景に会社を成長させ、社会を変革させるものです。

そうしてチャレンジを続ける中で、成功体験と失敗体験を重ねていく。それが人間としての厚みにもなります。成功体験だけではなく失敗体験があることで、マネジメントにも有効です。失敗したことであっても、共有することで周囲に感謝されます。また、いろいろな経験をしているほうが大きな絵を描くことができ、人に優しくできるようになります。

1勝9敗でビジネスはうまくいく

チャレンジを恐れる必要はありません。必要なのは、1勝9敗のマインドです。10回チャレンジして9回失敗したけれど、1回は勝っている。名だたる大企業も、すべてが当たったわけではありません。その裏には数え切れない失敗があります。

日本には「失敗したんだ。お前が責任を取れ」「できなかったらお前の責任だ」といったように、失敗を詰める文化があります。それを振り払って、失敗してもいいからどんどんチャレンジしていくという姿勢を持ちましょう。

経営も人生も、短期的に考えるとうまくいきません。何をやるにしても10年はかかると思います。「やってみたけど、結局成果が出ない！」というような、短期的なＰＤＣＡ(Plan-Do-Check-Act)を回しても、得るものはないのです。

ただ、日本全体が、短期の利益を求める方向に傾いています。その背景には、お金の出処が銀行だったということもあるでしょう。貸付での資金調達は、しっかりと利益を出さないと厳しい評価を受けることになります。こうした傾向は、中小企業ではより強くなっているでしょう。

しかし、これからは地方にもリスクマネーが入るようになります。「短期的には赤字でも、その後伸びればいい」という考え方も、一般的になるはずです。

グロースを続けるにはリフレッシュも必要

目の前の結果にとらわれず、「成功の種を10回中1回でいいから掴むんだ」というマインドセットを持つ。それがこれからの経営者のあるべき姿勢です。

ただ一方で、長い時間グロースばかりを目指してチャレンジを続けていれば、経営者も、それを支える人たちも大変です。上を向いて頑張ることと同時に、息を抜くことも必要です。

たとえば、休日に没頭できる趣味を持つ、自分が好きな場所を決めて定期的に訪れる。あるいは、家族との時間を大切にする。そうしてビジネスの現場に戻ってきたら、また全力で走れるようにする。

「リフレッシュできるほうがいい」という努力目標ではなく、自分のメンタルをコントロールできるように休みを取ることを、自分の仕事の中に組み込まなければいけません。結果を出す経営者は、そのぶんプライベートも充実しているものです。

精神論だけでは続かないこともあります。ビジネスから離れる時間がなければ事業を存続できないという前提に立ち、仕事とプライベートの線引きをすべきです。

行動が可能性を拓く

満足こそ最大の敵

いま、中小企業に求められていることを単純化すると、それぞれが持っているポテンシャルを最大化させようという動きです。それは、社会からの「いまよりもっと頑張れ」というメッセージです。地方企業の経営者が行動できていないということではなく、「もっと」、「More」の動きです。自分の持つポテンシャルを、どこまで活かせるかです。

たとえば、親にとってはどんな子供も可愛いし、いるだけで人生は素晴らしいものになります。それなりに勉強して、それなりの大学に入って、安心できる企業に入る。それはそれで素晴らしいことですが、人ひとりの可能性は本来もっと多様に開かれているはずです。それを実現できるかどうかは本人次第です。

企業の活動についても同じです。「いまの自社が素晴らしい」というのは事実でしょうが、もっともっと可能性を信じて、固まった自社認知を打ち破ることができます。東京でも地方でも、どんな人でも、信じて行動を続けて道が拓けることがあるのです。

それに、行動し続けなければ、いまある幸せも逃してしまいます。

たとえば、社員と一緒に働くことのできる時間が楽しくて幸せで、「この時間が長く続けばいいいな」と思っても、毎日ただ一緒にオフィスで働いているだけでその状況は維持できません。楽をしてしまえば、環境や潮流の変化にただ押し流されて、大切なものも失ってしまいます。

だからこそ、経営者は自分のポテンシャルを信じて行動しなければいけません。そのうえで、社員も自分のポテンシャルを信じて、同じ目標に向かって頑張る。だからこそ、「この人たちと一緒に働いていて幸せだな」と感じるのではないでしょうか。

多くの人が、いろいろな縁と運に恵まれて、いまの場所にいるのだと思います。その中で社会にとって重要なことをさせてもらえているのであれば、本当に幸運なことです。その状態をどうしたらずっと続けられるかと言えば、満足しないで行動を続けるということに尽きると感じます。

信じた道を進み続ける

以前、経営者の中で『DIE WITH ZERO』（ビル・パーキンス著／児島修訳／ダイヤモンド社）という書籍が流行りました。45歳までにお金を得て、そこから取り崩す。お金を使って経験を得て、多様な幸福感を受けるという内容です。

ゼロリセットに向かって45歳ぐらいから貯蓄を使う。決してそれがおかしいというわけではありませんが、いま置かれている状況でそうしたメッセージが響かない人も多いでしょう。

他方で、『The Long Game』（ドリー・クラーク著／伊藤守監修／桜田直美訳）という書籍があります。そこには、人生の成功とは何を達成したかではなく、何を経験したかである。自分の人生の目的を決めて、自分のポテンシャルを信じて、その道を進むことが成功だという旨のことが書かれています。

ソニーやファーストリテイリング、トヨタ。日本には偉大な先人たちがいます。これらの会社が発展したおかげで、どれだけ多くの企業が自分たちのポテンシャルを信じて、努力することができたでしょうか。そして、彼らがつくったものによって、人生が充実した人がどれだけいるでしょうか。

日本の行く先は、どれだけの企業が自分たちの状況に満足せず、成長を目指していくことができるかで決まるように思います。

原動力を固定観念で捉えない

人が行動する原動力はいろいろあるのではないでしょうか。

たとえば、誕生日に子どもから「家族のために働いてくれてありがとう」とプレゼントをもらったとします。「そうか、私は家族のために働いているんだ」と感じる人もいるでしょう。一方で「自分は社会のために働いている。それが結果的に家族のためになっているのかもしれないけど、家族のために働いている意識はない」という人もいます。

それに、個人の中でもゆらぎがあり、いつも同じことを原動力として仕事をしているとは限りません。いろいろな背景から、原動力の強さにもグラデーションがあるでしょう。ある時点だけを見て、「この人には原動力がない」「強い原動力を持っている」と決めつけることはできません。

そう考えれば、働くことの価値を見いだせる環境にいるのに、見いだせていないこともあるかもしれません。経営者の中には、ビジネスを始めたときに、いまの状況を想像していなかったという人もいると思います。自分にとっての原動力も、進んでいく中でだんだんと明確になっていくものです。それをすぐに言語化しようとしても難しい。「夢」や「目標」といったものは、必ずしも初めになければいけないというわけではありません。なりたいもの、得たいもの、成したいことに意識が向きがちですが、初めは何もなくても、やっていく過程で何かが芽生えることもあるでしょう。その中で行動が生まれることもあるのです。

おわりに

株式会社SUPER STUDIO　真野 勉

SUPER STUDIOは創業3年目の2017年に「ecforce」を正式にローンチし、本格的にEC業界に足を踏み入れました。

参入して初めて感じたことは、「日本のEC事業は、特に地方が強い」ということです。地方には、地場の環境や特産品などを活かした商品が多数存在し、それが強みとなって成長しています。それらを「EC」で日本全国、世界へと発信している企業があり、彼らと付き合いを深めれば深めるほど学ぶことが多く、SUPER STUDIOも地方企業の発展と共に事業を成長させることができました。

今回のプロジェクトに参画したのは、本書で対談を行ったタマチャンショップのように、地方発で、ＥＣで日本全国、世界へと挑戦を続ける企業を、もっと多くの方に知っていただきたいという想いがあったからです。地方の強さは、今後のＥＣ業界の発展に欠かせないものであると、日々の事業活動の中から私自身が強く感じていることです。本書で、その想いが少しでも多くの方に伝わることを願っております。

今後もＳＵＰＥＲ ＳＴＵＤＩＯは、統合コマースプラットフォーム「ecforce」の開発・提供を通じて、ＥＣ事業者だけでなくあらゆる企業に向け、テクノロジーとデータを活用したビジネス全体の最適化を支援し、お客様の成長と発展に向けた支援を続けて参ります。

ソウルドアウト株式会社　北川共史

ソウルドアウトは、「中小・ベンチャー企業が咲き誇る国へ。」というミッションを掲げ、日本全国の中小・ベンチャー企業のデジタルマーケティングを支援している会社です。

我々は、東京一極集中の日本より、日本全国それぞれ違った特色を持つ、地域が元気な日本を望んでいます。地域企業のデジタルとの融合を推進する先に、未来の日本の理想形を見いだしています。そして、地域企業がデジタルを上手に活用することは、地域の活性化だけでなく、日本が直面する人口減少や地方衰退といった課題に対する有効な解答になり得るとも考えております。

弊社の主幹事業はデジタルマーケティング支援ですが、将来的には志の高い地方企業のヒト・モノ・カネ・情報というすべての経営資源のサポートを行いたいと考えています。今回のプロジェクトコンセプトである「地方発全国、日本発世界。」は、まさに我々の願いそのものであり、ソウルドアウトが単独で活動している以上に、世の中に大きなインパクトを残せると確信し、参画いたしました。

我々は日本の潜在能力を信じています。これからも、理念を掲げ続け、未来の日本を創造する担い手となれるよう邁進いたします。

株式会社ＰＲ ＴＩＭＥＳ　山口拓己

私は、本を書き下ろすことはないと決めていました。いまもその決意は変わりなく、「おわりに」の文章を不思議な気持ちで書いています。

ＰＲ ＴＩＭＥＳを立ち上げて、経営者を十数年続ける中で、そのほとんどの時間を１つの会社、１つの事業に費やしてきました。平凡な才能しかない私が実務の世界で結果を出し続け、身の丈に合わない誇大妄想的な理念や目的を実現するためには、全能力をＰＲ ＴＩＭＥＳに注ぎ続けることが必要条件です。

執筆する余力はなく、文才もありません。実務家である私が本業の合間で連ねた駄文をそのまま本にしては読者に申し訳なく、ＰＲ ＴＩＭＥＳや私にとっても良いことになりません。それでも共著とはいえ、誰かの役に立てそうな本を上梓できたのは、私が話したことを書き起こすという編集力の成せる技です。

そんな私が本書の分担執筆に加わらせていただいたのは、ＰＲ ＴＩＭＥＳのためです。ＰＲ ＴＩＭＥＳは２０２３年に東証グロース市場に上場した企業のうち81・８％に利用いただいています。スタートアップや大企業にはプレスリリースをPR TIMESから発表する習慣が浸透しつつあるものの、地方企業や中小企業には、利用どころかまだまだ知られていません。プレスリリースの活用が事業と組織を伸ばすということを伝え、スタートアップや大企業だけでなく、懸命に働くすべての人に貢献できるようになりたいのです。

PR TIMESはインフラのような存在になりたいと思っています。だから1人でも新たにPR TIMESを知っていただける機会になるのであればと思い、分担執筆に加わった次第です。

なお、あとがきでは感謝を述べるのが通例でありますが、謝辞だけで文字数制限を超えるため、僭越ながら割愛させていただきました。本書ならびにPR TIMESに関わるすべての皆様に心より感謝申し上げます。

株式会社ロケットスター　荻原 猛

私はソウルドアウトの創業以来、10年以上にわたり中小・ベンチャー企業の支援に携わってきましたが、その潜在能力を発揮する企業が少しずつ現れてきていると感じます。世界に打って出ている地域企業があれば、第9章でご登場いただいた菊永さんのように、かつて元気のなかった企業を、地域を代表する企業へと成長させた経営者も現れてきました。ただまだその数が少ない。世界でも羽ばたける企業や経営者がもっともっと日本にはいるはずです。

そこで大切になってくるのが本書でも紹介した、企業を拡大しようとする「意思」です。この意思さえあれば、自然と仲間と応援者が集まり、成長のステップへと踏み出すことができます。

日本の経済を再び活気づけるのは、中小やベンチャー企業です。私たちがこの舞台の主役なのです。その道程は決して簡単なものではありませんが、この一大ミッションに取り組むことこそが中小・ベンチャー企業経営の醍醐味とも言えます。目の前に広がる可能性を信じ「自分こそが」という使命感を持って、私たちと一緒に挑戦していきましょう。

［著者略歴］

荻原猛（おぎわら・たけし）

株式会社ロケットスター代表取締役社長

國學院大學卒業後、起業するも失敗。しかし起業中にインターネットの魅力に気付き、2000年に株式会社オプトに入社。2006年に広告部門の執行役員に就任。2009年にソウルドアウト株式会社を設立し、代表取締役社長に就任。2017年7月に東証マザーズ上場、2019年3月に東証一部上場。2022年3月に博報堂DYホールディングスによるTOBにて100％子会社化。博報堂グループにて1年間のPMIを経てソウルドアウト取締役を退任。2023年４月に株式会社ロケットスターを設立し、代表取締役社長に就任。50歳で3度目の起業となる。

北川共史（きたがわ・ともふみ）

ソウルドアウト株式会社 専務取締役 COO

1984年生まれ。2007年に株式会社オプトへ入社。2010年にソウルドアウトの立ち上げに参画。東日本・西日本営業部長・営業本部長を歴任し、2018年より営業執行役員に就任。デジタルマーケティングの課題解決力を武器に、全国の中堅・中小企業を最前線で支援し続ける。2019年4月より上席執行役員CRO（＝Chief Revenue Officer、最高売上責任者）に就任。2021年3月にはグループ執行役員マーケティングカンパニープレジデント、2023年4月に取締役兼CCO、そして2024年4月より専務取締役 COOに就任。

真野勉（まの・つとむ）

株式会社SUPER STUDIO 取締役 CRO

1987年、東京都出身。青山学院大学を卒業後、ITベンチャー企業へ入社し、セールスとして同社の東証マザーズ上場に貢献。2014年にSUPER STUDIOを共同創業し、現在はCROとして企業間のアライアンスをリードしている。

山口拓己（やまぐち・たくみ）

株式会社PR TIMES代表取締役社長

1974年生まれ。愛知県豊橋市出身。1996年東京理科大学理工学部卒業後、山一證券株式会社に入社。アビームコンサルティング株式会社などを経て、2006年株式会社ベクトルに入社、同社取締役CFO就任。2007年にプレスリリース配信サービス「PR TIMES」を立ち上げ、株式会社PR TIMES代表取締役に就任。PR TIMES、MARPH、Jooto、Tayori等を提供する。2016年3月に東証マザーズへ上場、2018年8月に東証一部へ市場変更（現在は東証プライム市場）。豊橋市未来創生アドバイザーも務める。

［編著者］

ローカルグロース・コンソーシアム（LOCAL GROWTH CONSORTIUM）

「地方発全国、日本発世界。」をスローガンに、地方企業の全国展開、世界進出をサポートするコンソーシアム。地方企業の潜在能力を信じ、最適・最良の技術やノウハウを通してその成長に伴走することをミッションとする。意志を持つリーダーが集い、協力する場として、クロスメディアグループ株式会社、株式会社SUPER STUDIO、ソウルドアウト株式会社、株式会社PR TIMES、株式会社ロケットスターを発起人として発足。

LOCAL《ローカル》 GROWTH《グロース》

独自性《どくじせい》を活《い》かした成長拡大戦略《せいちょうかくだいせんりゃく》

2024年4月21日　初版発行

著　者　荻原猛／北川共史／真野勉／山口拓己

発行者　小早川幸一郎

発　行　株式会社クロスメディア・パブリッシング
〒151-0051 東京都渋谷区千駄ヶ谷4-20-3 東栄神宮外苑ビル
https://www.cm-publishing.co.jp
◎本の内容に関するお問い合わせ先：TEL（03）5413-3140／FAX（03）5413-3141

発　売　株式会社インプレス
〒101-0051 東京都千代田区神田神保町一丁目105番地
◎乱丁本・落丁本などのお問い合わせ先：FAX（03）6837-5023
service@impress.co.jp
※古書店で購入されたものについてはお取り替えできません

印刷・製本　株式会社シナノ

ISBN978-4-295-40946-5　C2034